RECUEIL

DE CHANSONS

DE CIRCONSTANCE.

POITIERS. — IMP. DE COIGNARD ET BERNARD.

RECUEIL
DE CHANSONS

DE CIRCONSTANCE.

CHANTS NATIONAUX, CHANTS POPULAIRES, CHANTS MILITAIRES,

ET

Diverses anciennes Chansons tombées à tort dans l'oubli,
et qu'il importe d'en tirer,

PAR MALLET DE TRUMILLY,
ANCIEN OFFICIER.

L'honnête homme, qui toujours rit,
Ne fait jamais pleurer personne.

POITIERS,

CHEZ CLER, LIBRAIRE, PRÈS St-PORCHAIRE.

—

1848.

1849

Je crois faire preuve de civisme en publiant une collection de chansons populaires et patriotiques.

Plus les temps sont tristes, plus il importe d'y faire diversion, car la mélancolie abat le courage et mine les plus forts tempéraments, tandis que la gaîté est mère de la santé.

Trève donc quelquefois à la satanée politique, qui a presque entièrement enterré notre caractère national. Nos pères chantaient, et ne s'en portaient, ne s'en battaient que mieux.

MALLET DE TRUMILLY.

Poitiers, octobre 1848.

RECUEIL

DE CHANSONS

DE CIRCONSTANCE.

IMPROMPTU A MM. LES ÉLECTEURS

ET AUX BONS ENFANTS DE POITIERS.

Air : *La bonne aventure !*

Loyaux Électeurs, courez,
  L'honneur vous appelle,
Plus tôt vous expulserez
  L'infâme sequelle
En France allant tout gâchant,
Plus tôt nous irons chantant
  La bonne aventure !
    O gué !   } Bis.
  La bonne aventure !

Mes braves ! réveillez-vous,
  Plus de somnolence ;
De ce tas de grippe-sous
  Délivrez la France :
Partout on vous bénira,
Et gaîment l'on chantera :
  La bonne aventure !
    O gué !   } Bis.
  La bonne aventure !

Chaque jour , on les a vus ,
A leur Angleterre ,
Tous ces lâches malotrus
Tendre le derrière...
Et recevoir humblement
Un cordial compliment
De la botte anglaise !
O gué !
De la botte anglaise !

> Bis.

Peut-on supporter enfin
Tant d'ignominie???
Français ! serrons-nous la main ,
Le nom de PATRIE
Ralliera tous ses enfants ,
Tous chantant , en braves gens ,
Leur mère commune !
O gué !
Leur mère commune !

> Bis.

Par votre intime union ,
Électeurs de France ,
Contre la corruption ,
Contre l'arrogance
De ce plat pédant Guizot (1) ,
Pour consigne ayez *ce mot* :
« Le lâche , à la porte !
O gué !
Le lâche , à la porte ! »

> Bis.

Ce monsieur , pour faire peur ,
(Quelle impertinence) !

(1) Ce gracieux compliment est au moins le cent et unième que j'ai eu l'honneur d'adresser à son excellence dans divers journaux.

Va prédisant la terreur
 Et l'émeute en France...
Si l'on ne se soumet pas
A ses docteurs des *Débats*.
 Que le diable emporte !
  O gué ! } Bis.
 Que le diable emporte !

S'il ont pris pour des enfants
 Les Français crédules,
Électeurs, de ces pédants
 Brisez les férules :
Que sous les coups triomphants
De loyaux représentants,
 Tombe leur système !
  O gué! } Bis.
 Tombe leur système !
 Infâme système !
  O gué ! } Ter.
 Infâme système !

Poitiers (Vienne), 11 *juillet* 1846.

DEDANS ET DEHORS.

(PAUVRE FRANCE!!!)

Air : *Peuple Français, peuple de frères.*

DEDANS.

Dedans, déception, misère....
Courbé sous le poids du budget,
Le peuple hait le ministère
Et le système de Juillet :

Universelle méfiance
Surgit au nom des charlatans
Exploitant en commun la France }
Pour vendre leurs orviétans.   } Bis.

Dedans, tous ces gens de génie
Par maint et maint jobard vantés,
Molé , *Thiers* , Guizot , Broglie,
Nous ont-ils assez molestés ???
Lois oppressives de la presse ,
Corruption des députés ;
Chacun a fait preuve d'adresse }
Pour nous ravir nos libertés.   } Bis.

Dedans , à la race corsaire ,
Aux agioteurs , l'argent! l'or !
Ainsi qu'au patron (1), leur compère ,
Les étayant près du trésor :
Prohibition à l'entrée
Des produits des peuples voisins .
Car , alors , on vend sa denrée }
Et double et triple aux citoyens. } Bis.

DEHORS.

Dehors , bassesse , platitude...
O Français ! qu'a-t-on fait de nous ?
Quelle humiliante attitude
On nous impose aux yeux de tous !
Une paix perfide qui tue,
Sans bruit, les loyaux commerçants ;

(1) Qui diable! ne connaît pas ce grand saint-là? Sa Majesté
Rothschild , grand-prêtre du Veau d'Or ! Roi de la finance! Empereur des gros sous ! etc.

Qui consacre et qui perpétue
Le monopole des traitants. } Bis.

Dehors, marins, soldats de terre,
Sont vilipandés tour-à-tour
Par nos bons amis d'Angleterre
Plus exigeants de jour en jour :
Messieurs, voilà donc l'héritage
Que vous réservez à nos fils ;
Notre France mise au pillage....
Notre antique honneur compromis.... } Bis.

Mais, *Dehors*, les peuples s'entendent....
Et, respectant le nom français,
Impatients, tous, ils attendent
De nos longs efforts le succès ;
Sachant bien que leur délivrance
De la nôtre résultera
Le jour où, lasse enfin, la France
D'un souffle vous renversera... } Bis.

Baume-les-Dames, 10 décembre 1844. — Réimprimée à Poitiers en juillet 1846, cette chanson n'a rien perdu de sa nouveauté.

LE VOEU PATRIOTIQUE ET SENTIMENTAL

A L'ENDROIT D'UN CITOYEN ANGLAIS BIEN CONNU, QUI S'EST TROMPÉ EN NAISSANT EN FRANCE.

Air : *Ah ! le cœur à la danse !*
Un rigodon,
Zig-zag, dondon, etc.

Quand donc sera-t-il dégoté
Ce fameux politique

Qui conquit par sa lâcheté
    L'amour léopardique ?
Quand donc (l'Anglais le pleurant)
Dirons-nous tous en chantant :
    Ah ! le cœur à la danse,
      Un rigodon ,
      Zig-zag , dondon ,
    Vive la joie en France !   } Bis.
    Quand s'afflige Albion.

Bien qu'il fasse encore son fendant
    L'aigle du ministère ,
Oh ! qu'il a peur en ce moment
    Mons de la Guizotière ! ! !
Car, certes, il voit le capon
Qu'un beau jour la nation
Va lui donner sa danse ,
      Un rigodon ,
      Zig-zag , dondon ,
    Et venger son offense   } Bis.
    Sur l'homme d'Albion.

Il a beau faire , le mignon !
    Pour sortir de l'ornière ,
Beau faire humble soumission
    A sa chère Angleterre :
Dès qu'il fera patatra...
    Son *de profundis* sera :
    « Ah ! le cœur à la danse ,
      » Un rigodon,
      » Et qu'en ballon
    » Le corps de l'excellence   } Bis.
    » Valse vers Albion. »

Oui, qu'à Pritchard il soit livré
Pour être mis en terre :
Ce grand saint par lui révéré,
Braillera sur sa bière
Une funèbre oraison
En style de mission !
Alors cœur à la danse,
Un rigodon,
Zig-zag, dondon,
Nous serons quitte en France
De l'homme d'Albion.   } Bis.

LE SILO ALGÉRIEN,

OU LES BIENFAITS DE LA CHARTE-VÉRITÉ.

Vanitas vanitatum et omnia vanitas...

Air : *Peuple Français, peuple de Frères.*

O ma tant glorieuse France !
Héros triomphants de juillet !
Charte, si riche en espérance !
A qu'elle épreuve l'on vous met ?
France ! on t'insulte, on te provoque,
On t'immole à l'orgueil anglais,
Et partout de toi l'on se moque,   } Bis.
On ne croit plus à tes hauts faits.

O chers vainqueurs des Trois Journées !
Qu'on vous abusa finement !
O que d'illusions mort-nées
N'ont fait que vous luire un moment !
Adieu ! beaux discours et revues,
Adieu ! doux serrements de main,

Adieu ! si tendres entrevues
Du peuple et du roi-citoyen   } Bis.

Restoit l'honneur de nos armées :
O France ! on le met à néant...
Vois tes légions opprimées
Subir un joug humiliant...
Le silo, fosse meurtrière,
Par mille tourments inouis,
Avilit la race guerrière (1)
De tes nobles et vaillants fils.   } Bis.

Sous nos rois, sous la République,
Le directoire et l'empereur,
De ce système despotique
La France aurait frémi d'horreur...
Et dans votre démence impie
Vous osez ainsi la flétrir !
Ah ! tremblez... bientôt la patrie,
Infâmes ! saura vous punir...   } Bis.

Poitiers, août 1846.

(1) Quand un soldat a manqué gravement à la discipline par insubordination, par des voies de fait envers ses chefs, ou qu'il a déserté à l'ennemi, on le passe par les armes, c'est une nécessité, mais on ne le met pas à la crapaudine ! Honte à l'inventeur...

COUPLETS

TOUJOURS DE CIRCONSTANCE DEPUIS UNE QUINZAINE D'ANNÉES.

Air : *Oui, je suis soldat, moi !*

Au diable ! tous les Guizot,
Thiers, Molé, Broglie

Et leur incessant complot
  Tramé de compagnie :
Oui, je suis Français, moi !
  J'aime ma patrie ;
Je veux la Charte et le Roi,
  Mais point de tricherie.   } Bis.

Voyez ces vils intrigants,
  Avec leur froid cinysme
Vernis de beaux sentiments,
  Faire du despotisme...
Oui, etc.

Constamment, voyez-les tous
  Déshonorant la France,
Hélas ! parler à genoux
  A la moindre puissance !
Oui, etc.

Voyez comme à bon marché
  Ils gouvernent la France,
Et comme ils ont retranché
  Au peuple sa pitance ! ! !
Oui, etc.

Voyez ce fin protestant,
  Dont l'Anglais tant se loue,
Avec le papé, riant
  De Rossi, qu'on bafoue..
Oui, etc.

Voyez Thiers, mes amis,
  Qu'il est d'humeur gentille !
C'est qu'il trace pour Paris
  Encore une Bastille...
Oui, etc.

Morbleu ! quand donc finira
  L'absurde comédie???
Quand donc le ciel châtiera
  Cette infâme rouerie???
Oui, etc.

Assez, messieurs, croyez-nous,
  Car la France trahie
Pourrait finir avec vous
  Par quelque tragédie....
Oui, je suis Français, moi !
  J'aime ma patrie ;
Je veux la Charte et le Roi,
  Mais point de tricherie.

Poitiers, 4 août 1846.

LES INCENDIES

OU LE BON COEUR DU MINISTRE DE L'INTÉRIEUR ET DE
TOUT LE CONSEIL DES MINISTRES.

Air : *La faridondaine, la faridondon,*

Ministre de l'intérieur,
  Adorant ma patrie,
J'apprends par certaine rumeur
  Qu'en France l'incendie
Ruine maint et maint canton,
La faridondaine, la faridondon,
Et mon cœur en est attendri, Biribi !   ⎱
A la façon de Barbarie, mon ami.   ⎰ Bis.

Hélas ! ces dévastations
  Vont désolant la France :

Tant pis ! mais nos élections
  Exigent surveillance....
Pleurons sur la destruction,
La faridondaine, la faridondon :
Le ministère est attendri, Biribi !
A la façon de Barbarie, mon ami.

De nos fonds secrets les millions ,
  Notre gendarmerie ,
De Guizot les instructions,
  Tout devant l'incendie ,
Est vain.... mais tout est au mieux , bon !
La faridondaine , la faridondon ;
Le ministère est attendri, Biribi !
A la façon de Barbarie , mon ami.

Car enfin bientôt nous aurons
  De forts une série ,
L'armement, les dotations,
  Une chambre pourrie...
Et si Paris fait le luron ,
La faridondaine , la faridondon ,
Nous lui ferons un feu suivi , Biribi !
A la façon de Barbarie , mon ami !

Poitiers, 6 août 1846.

GRAND ET MÉMORABLE

DISCOURS D'OUVERTURE DES CHAMBRES
DU 17 AOUT DE L'AN DE GRACE 1846.

Air : *Vous m'entendez bien.*

De vous voir de près le plaisir
Est depuis longtemps mon désir,

Mes chers ventrus de France :
Eh bien !
En vous j'ai confiance....
Vous m'entendez bien.

Ce que je débite à présent,
Autant en emporte le vent :
Guizot a fait la prose,
Eh bien !
Qui ne dit pas grand'chose...
Vous m'entendez bien.

Ne trouvez pas inconvenant
Qu'on vous enlève en ce moment
A vos travaux rustiques,
Eh bien !
Vous si grands politiques !...
Vous m'entendez bien.

Notre ministre du trésor
A des sacoches pleines d'or
Pour les frais de voyage
Eh bien !
De tout député sage...
Vous m'entendez bien.

N'ayez aucun souci, restez
A Paris, mangez et buvez :
Croquez-y la fillette,
Eh bien !
La police est discrète...
Vous m'entendez bien.

Je vous connais trop bons vivants,
Trop ferrés sur le droit des gens,

Pour parler d'Angleterre,
Eh bien !
Messieurs, laissons-la faire...
Vous m'entendez bien.

Bravo ! de la paix à tout prix ,
Comme moi, vous êtes ravis :
De mon règne l'histoire
Eh bien !
En redira la gloire !
Vous m'entendez bien.

Lorsque, tous , de corruption
Vous aurez fait provision ,
Partez, messagers dignes !
Eh bien !
Porteurs de nos consignes...
Vous m'entendez bien.

Vers Noël ou bien vers les Rois,
Pour manigancer quelques lois ,
Grimpez en diligence ,
Eh bien !
Pour des lois importance !...
Vous m'entendez bien.

Nous comptons sur votre concours
A cette époque des grands jours :
Nous vous payons pour mordre ,
Eh bien !
Et pour hurler « à l'ordre »
Vous m'entendez bien.

Tous , à belles dents, en bons chiens,
Mordez, mordez-moi ces vauriens ,

Eux qui rien ne respectent,
Eh bien !
De bornes qui vous traitent...
Vous m'entendez bien.

Marchez, Marchez, vers le grand but :
Décrétez pour notre salut
L'armement des bastilles,
Eh bien !
Comme avis à ces drilles...
Vous m'entendez bien.

Alors, en toute sûreté,
Admirable majorité !
Avec mes ministères,
Eh bien !
Nous ferons nos affaires...
Vous m'entendez bien,

J'ai beaucoup, beaucoup de millions,
Mais de grosses dotations
Il me faut abondance,
Eh bien !
Assez riche est la France...
Vous m'entendez bien.

D'un gourvernement paternel
J'ai fait le serment solennel...
Mais sachez me comprendre,
Eh bien !
L'argent est bon à prendre...
Vous m'entendez bien.

Des financiers le roi puissant,
Rothschild, ce juif intéressant

Est un modèle à suivre,
Eh bien !
Il nous apprend à vivre...
Vous m'entendez bien.

Dans ce siècle calculateur,
Nous avons enterré l'honneur :
Notre patriotisme
Eh bien !
S'intitule égoïsme...
Vous m'entendez bien.

On ira tant que l'on pourra ,
Et plus tard qui vivra, verra :
S'il survient du grabuge ,
Eh bien !
Après moi le déluge...
Vous m'entendez bien.

Air : *De prendre femme un jour dit-on.*

C'est ainsi que te font parler
Les vils intrigants qui t'entourent....
Philippe ! ils ont su t'isoler...
Mais les bons députés accourent.
Du grand peuple apportant les vœux,
Ils vont te peindre sa misère....
Philippe ! enfin, ouvre les yeux ,
Chasse ton lâche ministère. } Bis.

De l'honneur , de la loyauté
Accueille le noble langage :
Ta dynastie, en sûreté,
De ton trône aura l'héritage.
Mais si, repoussant leurs avis,

Persévérant dans l'injustice...
Tu conserves tes faux amis,
Tu marches sur un précipice...

Poitiers, 22 août 1846.

LE JEU NE VAUT PAS LA CHANDELLE.

AUX EXAGÉRÉS DE TOUTES COULEURS.

Air : *Femme, voulez-vous éprouver ?....*

Pour vivre, ici-bas, quelques jours,
Dont si peu sont exempts d'orage,
Pourquoi se déchirer toujours,
Mes amis, avec tant de rage ?
Pour tel ou tel gouvernement,
On crie à perdre la cervelle,
Et tout calculé, franchement,
Le jeu ne vaut pas la chandelle,   } Bis

En quatre-vingt-treize on devait
Comme des rois faire bombance !
Mais, tous, à la queue il fallait
Mendier sa mince pitance ;
Au diable ! de telles douceurs :
A la guillotine cruelle
Prodiguer son sang ou ses pleurs...
Le jeu ne vaut pas la chandelle.

Sous le plus fameux conquérant,
Se distinguer dans cent batailles,
Terminer ce drame sanglant
Par les pompeuses funérailles
De cent mille braves soldats

Gisants sous la neige éternelle
Du plus meurtrier des climats...
Le jeu ne vaut pas la chandelle.

D'un trône, à peine relevé,
Que protégeait seule une charte,
Se trouver en trois jours privé,
En s'escrimant de tierce et quarte
Pour asservir les Francs, courbés
Au joug de la noire sequelle
De quelques douzaines d'abbés !
Le jeu ne vaut pas la chandelle.

Mais sous un roi cher aux Français,
Dont la puissance tutélaire
Réprime en père les excès,
En nous laissant la charte entière (1),
Se montrer toujours, mes amis,
A nos lois, au trône, fidèle,
C'est travailler pour son pays :
Le jeu vaut cent fois la chandelle.

Charolles, octobre 1831.

Couplet ajouté en 1846 — Même air.

Hélas ! combien je fus dupé !
Pauvre sot ! ainsi que tant d'autres...
Mais, bientôt je fus détrompé
Sur tous messieurs ces bons apôtres :
Oui, ces grands hommes à grands mots,

(1) *Note postérieure de* 15 *années.* Ceux qui lui conseillent de la morceler, de l'escamoter... loin d'être ses amis, comme ils le disent, se conduisent, en effet, comme s'ils étaient les plus cruels ennemis de sa personne et de sa dynastie.

Qui promettaient tant de merveilles,
En lâchété, rouerie, impôts,
Nous font voir de fières chandelles !

Poitiers , 28 août 1846.

LE GOUVERNEMENT BUREAUCRATIQUE,

OU LE RÉVEIL DES ILLUSIONS.

*Charolles (Saône-et-Loire) 1834. — Couplets composés après
le siège d'Anvers.*

Air : *A voyager passant sa vie.*

Ah ! pauvres dupes que nous sommes,
Nous a-t-on lestement bernés ?
Grâce à tous nos petits grands hommes,
Avons-nous un beau pied-de-nez ?
On va rivant nos lourdes chaînes
Avec la charte-vérité,
Et l'on se bat l'œil de nos peines
En nous bourrant d'égalité !   Bis.

L'égalité ! vous voulez rire...
Quand l'intrigue accapare tout,
Quand le mérite, qu'on déchire,
Aux abois est réduit partout :
— Mais qu'au moins cela vous console,
Devant la loi l'on est égaux :
— Egaux ! luttez donc, sur parole,
Contre un sous-chef, mes chers badauds !   Bis.

Siècle des progrès ! des lumières !
Où tout recule... où tout est nuit...
Où cent fats, gâchant nos affaires,

Ventent notre bonheur détruit,..
Où l'honneur du pays, sa gloire,
Prostitués à des commis,
Ne comptent plus que pour mémoire...
Est-ce là ce que tu promis???   Bis.

Fameux Anvers, dont on s'engoue,
Tu vis prodiguer notre sang,
Et là, bien que vainqueurs, échoue
La dignité de notre rang :
Sacrifier l'or et nos braves
Pour rentrer chez nous, l'arme au bras...
D'un honteux protocole esclaves...
Au diable! alors, siège et combats...   Bis.

Mais à tort, c'est vouloir se plaindre :
Des ventrus lisez les discours;
Les seuls biens qu'on pouvait atteindre,
Nous les conquérons tous les jours ;
Si le roi, chambres et ministres
Pour le bon droit ne peuvent rien ,
Tout bouffis, des bureaux les cuistres
Ont plein pouvoir... pour notre bien.   Bis.

VIVE LA LIBERTÉ BUREAUCRATIQUE !!!

*P. S. A la chanson précédente (douze ans après), les abus
croissant, toujours de plus fort en plus fort...*

Poitiers, août 1846.

Même air

Vous servîtes votre patrie ,
Un demi-siècle, avec honneur ,
L'arrogante Bureaucratie
Sur vous s'acharne avec fureur...

O mystérieuse puissance !
L'iniquité seule te plaît ;
En fait d'astuce, ta science
Au grand Guizot en revendrait.   Bis.

Luttez avec vos longs services !
Oui, luttez, mes braves Français,
Contre l'esprit et les malices...
De quelques bureaucrates épais ;
Vingt députés, vingt pairs de France
Pour vous réclameront en vain !
D'un chétif sous-chef l'influence
Saura leur barrer le chemin...

Ça se conçoit, mes camarades,
Quand tous les rôles sont changés...
Quand des commis, de rebuffades
Criblent, à leurs portes rangés,
Et pairs et députés de France,
Qui devant eux, se font petits
Et souffrent leur impertinence
Pour accrocher quelques débits (1) !

MORALE.

(1) Une bureaucratie qui dispose de 50,000 débits de tabac, peut faire éternuer à volonté la très-grande majorité de messieurs les membres des deux chambres, en leur disant : Dieu vous bénisse ! vous êtes à moi...

CORRESPONDANCE ENTRE DEUX FRÈRES,

L'UN CURÉ EN FRANCE, — L'AUTRE OFFICIER EN AFRIQUE.

Air : *Voulez-vous savoir les on dit ?*

LE CURÉ.

Frère, j'ai lu dernièrement
De l'Isly la bataille

Et que tu fus fait lieutenant
En bravant la mitraille :
   Tes parents ravis,
   Tes nombreux amis
Jouissent de ta gloire ;
   Moins heureux que toi,
   Dans mon saint emploi,   } Bis.
Je fais mon purgatoire.

Air : *Il faut des époux assortis.*

Ah ! pauvre innocent que j'étais !
Quand on me mit au séminaire,
Croyant servir Dieu j'espérais
En paix parcourir ma carrière :
Hélas ! que je m'abusais là...
Devenu curé, l'esclavage
Est mon triste sort : Loyola
Tient tous les prêtres en servage,   } Bis.

L'OFFICIER.

Air : *Du pas redoublé de l'infanterie.*

Bah ! bah ! mon camarade, allons,
   Ne perds pas l'espérance,
Un beau jour nous expulserons
   Cette maudite engeance ;
La France se réveillera ,
   On en a chassé d'autres...
Et bientôt nous crierons houra   } Bis.
   Sur tous ces bons apôtres.

Crois-moi, l'astucieux Guizot,
   L'affidé d'Angleterre,
Ce jésuitique parpaillot (1)

(1) Parpaillot, nom injurieux donné aux calvinistes lors des guerres
civiles de la France.

Nous prônant le Saint-Père !
La France le renversera
Avec l'infâme clique
Qui sur tous les tons célébra
Sa lâche politique.

LE CURÉ.

Air : *A voyager pendant sa vie.*

Que Dien t'entende, mon cher frère !
Mais tous les sots dans ce pays
Vantent l'habile ministère
Achetant la paix à tout prix ;
De plus, pour notre grand-vicaire
Un curé, qui raisonne un peu,
Est un franc révolutionnaire
Qu'on doit expulser du saint lieu...   Bis.

Air : *De prendre femme un jour, dit-on.*

Prêchez l'amour pour le prochain,
La concorde, la tolérance,
Vous passez pour mauvais chrétien
Et l'on punit votre indulgence :
Mais, d'un plat jésuitisme empreint,
Qu'on se montre esclave de Rome,
Ravignan passe pour un saint   }
Montalembert pour un grand homme. } Bis.

Au nom de plusieurs respectables curés gallicans du département du Doubs.

Baume-les-Dames, 3 *Novembre* 1844.

———————

L'ORDRE.

HOMMAGE A LA GARDE NATIONALE (1).

Chanson à l'ordre du jour et de rigueur dans tous les banquets de
soldats-citoyens.

Air : *Ah ! le cœur à la danse,*
Un rigodon, etc.

A notre devise buvons !
    Sans jamais en démordre.
Avant tout, ce que nous voulons,
    C'est l'ordre, l'ordre, l'ordre.
    Adieu l'ordre, adieu l'honneur,
    Le repos et le bonheur !
        D'une horde sauvage
    Le Français envierait le sort
        S'il n'avait en partage
        Que la loi du plus fort.   } *Bis.*

Oui, buvons, mes amis, buvons,
    Mais sans casser les verres.
Soyons en révolutions
    Plus sages que nos pères.
    Tout aussi bons soldats qu'eux,
    Sachons être plus heureux !
        Ah ! sur l'ordre sans cesse
    Réglons toutes nos actions,
        Car l'ordre est la richesse
        Des grandes nations.

(1) La Garde Nationale, sous l'égide de laquelle a été placée la
Charte de 1830, Garde Nationale que les caprices ministériels ont si
souvent et si légèrement dissoute dans tant de villes, et que, contrai-
rement aux lois, on n'a pas réorganisée dans l'espace d'une année.

L'astre qui donne les beaux jours,
  Qui féconde la terre,
Avec ordre poursuit son cours
  Dans sa vaste carrière.
  Par l'ordonnateur divin
  Tout fut fait pour une fin ;
    Quand Dieu, par sa puissance,
D'un mot dissipa le chaos,
    Il créa notre France
    Pour l'ordre et les héros.

De la douce *Fraternité*
    Proclamons le mérite ;
Elle est avec *l'égalité*
    Des systèmes l'élite :
  A la liberté buvons !
  Au diable les factions ;
    Vive ! la République,
Dont Lamartine est créateur.
    Celle démocratique !
    Celle des gens d'honneur.

Poitiers, 2 Septembre 1846.

IMPROMPTU SENTIMENTAL

*pour la réception d'un Ventru (n'importe où) après la glorieuse
session de 1846.*

Même air.

Qu'avec fracas soit célébré,
  Dans notre heureuse ville,
De Guizot, Pritchard, Pomaré,
  Le défenseur habile !

Que le vaillant député
Soit splendidement fêté !
Qu'on lui donne l'étrenne
D'un bon bâton
Zig-zag , dondon,
Afin qu'il se souvienne
De la réception.

De casseroles , de chaudrons
Qu'une musique aimable
Tympanise sur tous les tons
L'esclave détestable ,
Le misérable ventru ,
Nous vantant son malotru ,
L'aigle du ministère...
Qu'un bon bâton,
Zig-zag , dondon ,
Soit son digne salaire
Pour sa réception.

Aux lâches malédiction !
La France n'est pas morte...
Quelque beau jour la nation ,
Les campant à la porte ,
Tous les braves s'armeront...
Les anglomanes fuiront
Vers leur chère Angleterre,
Sous le bâton ,
Zig-zag , dondon ,
Avec leur cher compère
Lord Guizot d'Albion.

Pas accéléré , marche !

Poitiers, juillet 1846, lors de l'Ordonnance royale de la dissolution
de la Chambre des Députés.

IMPROMPTU

SUR LES PROMESSES DU MINISTÈRE.

Air : *Va-t-en voir s'ils viennent, Jean !*

Ces ministres, pour l'Anglais
  Pleins de complaisance,
Eux ! penser aux intérêts
  Du peuple de France...
Va-t'en voir s'ils viennent, Jean !
  Va-t'en voir s'ils viennent.

Eux ! modérer les impôts
  Sur les vins, les bières,
Et les cents tarifs, si hauts,
  Qu'on paye aux barrières :
Va-t'en voir, etc.

Eux ! régir, la Charte en main,
  Avec bienveillance,
Le bon peuple, souverain,
  Disent-ils, de France...
Va-t'en voir, etc.

On nous promet des commis
  Pleins de gentillesse,
Des chefs de bureau polis,
  Boursy sans rudesse...
Va-t'en voir, etc.

Ils ont juré, mes amis,
  (Nous devons les croire),
Qu'ils garderaient du pays
  L'honneur et la gloire...
Va-t'en voir, etc.

Alger bravement conquis
  (Sous la branche aînée)
Nous vaut de fameux produits
  D'année en année ! !
Va-t'en voir, etc.

On ne fait plus de nos jours
  De ces pairs serviles !
De ces députés toujours
  Bornes immobiles !
Va-t'en voir, etc.

On ne construit plus de forts,
  D'énormes bastilles :
Bugeaud, ses états-majors,
  Sont tous de bons drilles !
Va-t'en voir, etc.

De riches dotations,
  (Pour tel pauvre prince
Qui n'a que quelques millions) ! ! !
  Guizot plus n'en pince...
Va-t'en voir, etc.

A bon marché l'on vivra,
  Dit Cunin-Gridaine,
Le peuple Gaulois pourra
  S'emplir la bedaine :
Va-t'en voir, etc.

On aura la poule au pot
  Par Henri promise,
Et le dimanche un gigot
  Ou la perdrix grise...
Va-t'en voir, etc.

Enfin , bientôt nous ferons
Bombance complète :
On nous promet dons sur dons
Et fête sur fête :
Va-t'en voir , etc.

Poitiers , 5 Septembre 1846.

LA BATAILLE ELECTORALE A POITIERS,

DÉDIÉE A S. E. Mgr GUIZOT DE LA GUIZOTIÈRE,

MINISTRE DE FRANCE ET D'ANGLETERRE,

ET PETITE INSTRUCTION POUR SON DÉPUTÉ.

Air : *Malgré la bataille.*

Vive la bataille
Qu'on livre à Poitiers
Contre la racaille
De tes estaffiers !
Guizot, ta rouerie
Au grand jour luira,
Et ta fourberie
A jamais vivra. } Bis

Oui, malgré l'intrigue ,
La corruption
Que sa main prodigue,
Répand à foison ,
Ce jour , dans l'histoire,
A vos descendants
Dira votre gloire,
Braves habitants !

Au franc mandataire
Qui porte des coups,

(L'injure est trop claire),
Frappe aussi sur vous :
Vous, qu'honneur anime
Vous, Français loyaux,
Vous, à l'unanime,
Renommerez Drault.

Ah ! qu'on voudrait être
Alors dans ta peau,
Quand l'insolent maître
Du plus vil troupeau,
Sonnant ses trompettes,
Sous lui rangera
Pantins, marionnettes
Pour son opéra ! ! !

Ces budgétivores,
Tu les combattras,
Comme ces pécores
Faisant grand fracas
En beuglant « à l'ordre ! »
Pour nous assourdir...
Avec toi les mordre,
Pour nous quel plaisir ! ! !

Dans la grande lutte
De la session,
Que rien ne rebute
Ton zèle, et que *non*
Aux messieurs qu'on paie
Soit ton seul discours ;
Que le centre braie !
Réponds *non* toujours.

Dans un cas unique

Montre le danger
Du système inique
Suivi pour régner...
Signale la route
Où tombe, à présent,
Tout roi qui n'écoute
Qu'un vil intrigant.

Mais que ton silence,
Que ton froid dédain
Prouvent que la France
Ne se mêle en rien
De leur tripotage...
Et que *protester*
Est le seul langage
Qu'on doit leur jeter.

Poitiers, 24 septembre 1846.

CHANTS DE VICTOIRE.

IMPROMPTUS SUR IMPROMPTUS.

Air : *Vive le vin ! vive l'amour !*

De Poitiers, tout brave électeur
A mérité la croix d'honneur :
Fier et sensible à votre insulte,
Son cœur fut son jurisconsulte.
Ministres, partout en ces lieux,
Chacun repousse un système odieux
Et du Veau-d'Or l'infâme culte. } **Bis.**

Du Français si spirituel
Faire un être matériel....

Ne saurait séduire personne....
Pour vous c'est fâcheux , on raisonne....
On aime mieux rester chrétien
Que s'abrutir en happant, comme un chien ,
L'os qu'on jette au député-borne.

Air : *O filii et filiæ.*

Enfin , grâce aux élections ,
Les ventrus ont leurs nez si longs ,
Qu'on les prend pour des saucissons ! ! !
    Alleluia ! alleluia ! alleluia !

Ils pensaient traiter les Français
Comme des Russes... des Anglais....
Chez nous ça ne prendra jamais....
    Alleluia ! etc.

Courage ! braves Poitevins ;
Ils mettront de l'eau dans leurs vins,
Tous ces tyranneaux Guizotins.
    Alleluia ! etc.

Qu'ils fassent peur, ces maltôtiers,
A leurs valets, à leurs croupiers :
Mais nous ! nous sommes vieux troupiers...
    Alleluia ! etc.

Et tous nos vaillants jeunes gens
(Doux espoir d'un plus heureux temps)
Ne sont pas non plus endurants...
    Alleluia ! etc.

Sont-ils farceurs tous ces pédants !
Vouloir nous traiter en enfants !!!
Prouvons-leur que nous sommes grands.
    Alleluia ! etc.

Ou leur système changera,
Ou du grabuge l'on verra ;
Lord Guizot fera patatra...
Alleluia ! etc.

Le commencement de la fin
A présent ne peut être loin....
On le sent sans être malin.
Alleluia ! Alleluia ! Alleluia !

Air : *Quand on vous fit.*

Quand on les fit,
Ces grands *des trois grandes journées,*
Quand on les fit,
Ah ! que de choses l'on promit ! ! !
Que de prospères destinées,
Devaient embellir nos années,
Quand on les fit ! ! !

Air : *A voyager passant sa vie.*

Au lieu de cela, pauvre France !
On te courbe sous mille lois
Avec un degré d'insolence
Qu'on ne vit jamais dans nos rois :
On te fait du franc despotisme
Avec la charte-vérité !
En ombrageant un froid cynisme
Du drapeau de la liberté...

Poitiers, 4 octobre 1846.

LE MINISTÈRE, LES VENTRUS

ET LES CAMPAGNARDS.

Air : *La boulangère a des écus.*

Ces bons ventrus ont des écus
   Qui ne leur coûtent guère ,   } *Bis.*
Oui , tous ils en sont cousus ,
   Et par le ministère
     Repus ,   } *Bis.*

     Peuple ! de ta misère....
Ces gaillards , avec ton argent ,
   Au pays de cocagne !
Vont les abus réformant
   En sablant le champagne
      Gaîment
Et le kéres d'Espagne,

Toi , pour sûr , brave campagnard ,
   Tu ne te doutes guère
Avec quel soin , quel égard ,
   Messieurs du ministère
     Pillard
   Empiffrent maint compère.

A toi l'épaisse soupe aux choux
   Et les pommes de terre,
Mais sans lard ni sans saindoux,
   Car , grâce au ministère ,
     Si doux ,
   La viande est si chère !

Il a besoin de tes gros sous
   Pour donner un carosse

A l'Espagnole, à l'époux
>> Dont Palmerston, féroce,
>>> Jaloux,
>> Décommande la noce....

Guizot fera ce que voudra
>> L'entente cordiale;
A genoux déchirera
>> La promesse royale,
>>> Dira :
>> « Bien d'autres j'en avale.... »

— Mais, enfin, quand donc finira
>> Une telle insolence ?
— Parbleu ! dès que l'on voudra;
>> Aussitôt que la France
>>> Criera :
>> C'est assez de souffrance....

Alors aux armes l'on courra,
>> Et dans la France entière
Partout l'on répétera :
>> « A bas le ministère !
>>> Houra
Sur l'homme d'Angleterre !... »

Air : *Femmes, voulez-vous éprouver?*

Nous ravir l'honneur.. . notre rang....
C'est cent fois nous ôter la vie !
Le Français prodigue son sang
Pour la gloire et pour sa patrie.
Mais être la dérision
De l'Europe qui nous outrage....
Guizot, dans son abjection,
Peut seul en avoir le courage !!!   Bis.

Poitiers, 4 octobre 1846.

PETIT P.-S. — 6 OCTOBRE.

Air : *De prendre femme, un jour, dit-on.*

— Lord Normanby brutalement
Contre le fameux mariage
A protesté formellement,
Et l'entente est fort à l'orage....
— Vous connaissez peu le patron !!!
Cette Guizotière excellence !!!
Ça se courbe sous le bâton   } *Bis.*
Comme un chien plein d'obéissance. }

PETITES ÉTRENNES POUR 1847,

A CES MESSIEURS QUI JETTENT DES BATONS DANS MES ROUES.

Air du *Mariage de Figaro.*
Jeanjeannot ! jaloux risible !

Maint ventru budgétivore
Et, je crois, *certain Journal,*
Faisant son fier matamore,
Tout bas me traitent fort mal...
Bravo ! redoublez encore ;
Morbleu ! parlez sans détour ;
— Moi, bientôt j'aurai mon tour.   *Bis.*

De marcher sur vos brisées
Aux cent diables le dessein !
Car vos sublimes pensées
Ne me conviennent en rien.
A vous donc les odyssées,
L'encens pour votre Guizot ! ! !
— Parler franc *sera mon lot*

Mais, amant de la concorde,
Je vous propose la paix :
Donc que *personne* ne morde...
Des ministres les hauts faits !!!
Chantez-les, je vous l'accorde ;
Gardez votre *vieux* terrain,
Un *nouveau* sera le mien...

4e *et tout nouveau couplet à l'adresse de personnes qui se recon-*
naîtront, — de ces gens habiles qui vont publier un journal d'op-
position comprise à leur façon !!!

D'une opinion *tranchée*
certain parti fièrement
Nous invite *à la préchée*
D'un journal intéressant :
— Bon ! la feuille *rabachée*.
Sur un ton *noble* et disert,
Prêchera dans le désert.

« Restituons-nous donc les uns aux autres la place,
« la liberté, le respect qui nous appartiennent *à tous :*
« la terre est assez vaste pour que chaque opinion
« puisse se produire sans se heurter et se haïr. »

(*Etudes Politiques.*)   LAMARTINE.

Poitiers, décembre 1846.

LA GRANDE POLITIQUE

OU LE GRAND CHEMIN DE CHERBOURG.

Air : *A voyager passant sa vie.*

Vive la grande politique
Du roi ci-devant citoyen !
Sa tendance archidespotique

L'entraîne à l'abîme... c'est bien :
En reniant son origine,
Le sot orgueilleux ne sent pas
Que chaque jour, vers sa ruine,
Le voit s'avancer à grand pas.   Bis.

Par la grâce des barricades,
Il fut nommé roi des Français,
Et sans ses plates mascarades,
Non il ne l'eût été jamais :   Bis.
—Vous croyez que ça le contente ?
—Ah ! bien oui, le roi-citoyen
(Dites-nous quel démon le tente ?)
Revêt l'uniforme autrichien ! ! !   Bis.

Sur la garde nationale
Est-il simple, s'il compte encor !
Elle battra la générale
Et tout son brave état-major,
Officiers, soldats, tous au poste,
Malgré le fier-à-bras Bugeaud,
Seront fermes à la riposte,
Et je dis qu'il y fera chaud !   Bis,

Si, dans votre démence impie,
De vos pauvres forts les canons
Osent tirer : cette infamie
En courroux mettant nos lurons
Sur vos bastilles, à la course,
Tous à l'assaut s'élanceront...
Alors, pour dernière ressource,
Vos voitures s'attèleront...   Bis.

En route... et vite, et bon voyage
A toi système, à tes jongleurs :

Oh ! qu'il sera lourd ton bagage
S'il contient tous les corrupteurs ! ! !
Mais enfin, système, on t'embarque
A ton tour, ô lâche, à Cherbourg...
Que le vent chasse, au loin ta barque ! ! !
Nous célébrerons ce beau jour.   Bis.

Poitiers, 15 janvier 1848.

COMMENT CELA FINIRA-T-IL ?

Air : *Voulez-vous savoir les on dit.*

—Français ! comment finira-t-il
     Cet odieux système,
Qui, frêle comme un brin de fil,
     Pousse tout à l'extrême ?
— Un souffle de vent
     Très-incessamment
Le campera par terre...
     Et nous saurons bien
     Trouver le moyen   *Bis.*
     De nous tirer d'affaire.

D'abord, plus de roi-citoyen,
     C'est une duperie,
Les plus beaux serrements de main
     Sont charlatanerie :
     Notre président,
     Juste, bienveillant,
     Veillera sur la France,
     En se rappelant
     Que tout gouvernant
     Tient d'elle sa puissance.   Bis.

Ça finira… qu'un beau matin ,
A maint pair , plat compère
Qui se vend au roi-citoyen ,
Le grand peuple , en colère ,
   Dira « décampez
    » Et morbleu ! laissez
    » Place aux braves de France :
  » Depuis trop longtemps ,
  › Lâches Fainéants !
  » Vous mangez leur pitance. »   Bis.

Quant à cette majorité
Qui sous Guizot manœuvre …
A tel infâme député
   De bassesse , chef-d'œuvre :
   Pour toute façon
   A coups de bâton
Et la botte au derrière ,
 On le chassera
  Puis on le fera
Valser vers la rivière (1).   Bis.

Mais quant à ce monstre infernal
  De la bureaucratie ,
Frappons , frappons sur l'animal
  Jusqu'à son agonie :
  Même après sa mort ,
  Frappons , frappons fort ,
Et , qu'à grands coups de botte
  Le vil animal ,
  Qui fit tant de mal ,
Soit roulé dans la crotte..

(1) La Seine qui borde le repaire où siègent tous ces misérables budgétivores qui ruinent et déshonorent la France.

RÉSUMÉ.

Si la France a pu tolérer
  Le joug , avec la gloire ,
Elle ne saurait digérer
Des lâches le grimoire :
  D'honneur elle vit ,
  Cela lui suffit ,
Mais sa haine est extrême
  Contre un tas de gueux ,
  Tant chrétiens qu'Hébreux
Seuls soutiens du système,

Poitiers , 24 janvier 1848.

LA MARSEILLAISE PARISIENNE.

Air : *Allons enfants de la patrie.*

Valeureux enfants de Lutèce ,
Pouvez-vous donc voir sans rougir
Cette désolante faiblesse
Sous laquelle on nous fait languir ? Bis.
De vous ! avec impatience ,
L'univers attend le signal :
D'un gouvernement déloyal ,
Délivrez enfin notre France.

Aux armes ! Parisiens , accourez dans vos rangs ,
    Il en est temps ,
Sans plus tarder expulsons nos tyrans.   Bis.

Vous n'avez pas perdu la trace
De vos héroïques aïeux :

Perpétuez leur noble race,
Soyez énergiques comme eux ;   Bis.
Avec empressement la France
Secondera le mouvement,
L'Europe avec étonnement
Contemple votre somnolence...
    Aux armes, etc.

Oui, c'est à vous (car c'est la tête
Qui donne au corps l'impulsion)
Que nous redevrons la conquête
De la régénération :   Bis.
Mais, bien plus sages que nos pères,
Plus de sang... plus d'excès honteux...
Et pour mériter d'être heureux,
Doucement réglons nos affaires.
    Aux armes, etc.

Chacun, muni de sa bonne arme,
Vite a rejoint son bataillon,
Chacun, se moquant du gendarme,
Crie : « à bas la corruption !   Bis.
» La France repousse un système
» Qui foule aux pieds toutes les lois.
» Elle chasse les lâches rois...
» Telle est sa volonté suprême. »
    Aux armes, etc.

Voyez, cernant les Tuileries,
Cinquante mille citoyens,
De ce séjour des fourberies,
Sans bruit, chasser les Autrichiens : Bis.
Déjà, sont prêtes les voitures,
Le roi parjure et sa maison

S'en vont à Vienne, en garnison,
Y montrer leurs sottes figures.
Aux armes, etc.

Poitiers, 8 février 1848.

PUISQU'IL FAUT EN FINIR, FINISSONS-EN!

PLUTOT AUJOURD'HUI QUE DEMAIN.

Air : *Oui, je suis soldat, moi.*

Oui, je suis Français, moi !
  Tout à ma patrie,
Pour l'honneur, la bonne foi,
  Prêt à donner ma vie.   } Bis.
Voyez ce roi-citoyen
  Si plein de bonhomie !
Plat valet de l'Autrichien
  Et flattant la Russie.
    Oui, je suis, etc.

Lorsque l'insurrection
  Peut sauver la patrie (1),
Sans nulle hésitation
  Frappons la tyrannie.
    Oui, je suis, etc.

Mais j'entends un guizotier
  (C'est-à-dire une bête)
De son centre me crier :
  « Blasphémateur, arrête !
    Oui, je suis, etc.

(1) L'insurrection, dans ce cas-là, est le plus saint des devoirs, a
dit LAFAYETTE.

« Vous êtes contre ce roi,
　　» Père de la patrie,
　» Et moi, parfait ventru , moi !
　　» Je l'aime à la folie ! »
　　　Oui , je suis , etc.

Moi ! contre lui , non , ma foi !
　　C'est lui , tout au contraire ,
Qui se range contre moi ,
　　A Metternich pour plaire.
　　　Oui , je suis , etc.

Nous ! contre lui ! Non : c'est vous ,
　　Ses conseillers perfides ,
Qui le perdez , malgré nous ,
　　Oh ! les habiles guides !!!
　　　Oui , je suis , etc.

Dedans , la corruption ,
　　Une arrogance altière :
Dehors , la soumission
　　A la ligue étrangère.
　　　Oui , je suis , etc.

Metternich , *à deux genoux*
　　(Pour vos sots mariages),
Vous a vus : il est pour vous ;
　　Que donnerez-vous en gages ?
　　　Oui , je suis , etc.

Vous lui donnez notre rang ,
　　La Suisse , l'Italie ,
Toute la Pologne en sang...
　　Est-ce assez d'infamie ???
　　　Oui , je suis , etc.

4

CONCLUSION.

Il est donc temps d'en finir,
   C'est trop d'ignominie...
Aux armes ! sachons mourir,
   Ou sauvons la patrie.
Oui, je suis Français, moi !
   Tout à ma patrie,
Pour l'honneur, la bonne foi,   } Bis.
   Prêt à donner ma vie.   }

Poitiers, 17 février 1848.

LES TENDRES REGRETS

DE CERTAINS RÉPUBLICAINS

BONS PATRIOTES QUAND MÊME.

Air : *Va-t-en voir s'ils viennent, Jean !*

Hélas ! quand reviendra-t-il
   Ce grand politique,
Ce diplomate subtil,
   Ce roi pacifique?
Va donc voir s'il revient, Jean !   Bis.
   Pour Dieu qu'il revienne !

Tudieu ! qu'en corruption
   Il était habile !
C'était l'admiration
   D'la cour ! de la ville !
Va donc voir, etc.

   Le lâche, aux tyrans voisins

Tendait le derrière...
Mais sa bassesse et ses soins
　　Conjuraient la guerre.
Va donc voir, etc.

Comme il savait d'maint impôt
　　Écraser la France,
Mais nous, soutiens d'son Guizot,
　　Nous faisions bombance...
Va donc voir, etc.

S'il était avaricieux,
　　Nous avions l'ouvrage
De piller *tout* en tous lieux :
　　C'est fini; j'enrage.
Va donc voir, etc.

Il fut trop chiche, il eut tort,
　　Tirant à mitraille...
Il eut dû sangler plus fort
　　Paris, ta canaille.
Va donc voir, etc.

Mais si Dieu permet enfin
　　Qu'un jour il revienne !
Faudra que le Parisien
　　De lui se souvienne!!!
Va donc voir s'il revient, Jean !
　　S'il revient de Vienne (1).　　　　Bis.

(1) Où l'on assure qu'il est caché.

Air : *contre les chagrins de la vie.*
(Du petit matelot.)

Voilà donc, au fond, ce que pense
Certain vieux, endurci coquin,
Se parant avec arrogance
Du costume républicain :   Bis.
Veillons au salut de la France,
Veillons au maintien de nos lois,
Méfions-nous de *l'Apparence,*
Nous fûmes trompés tant de fois !!!   Bis.

Mais que la paix et la concorde
Règnent constamment parmi nous :
A nos vieux tyrans la discorde,
Entre eux, *laissons hurler les loups :*   Bis.
N'oublions pas que *la richesse*
Des plus puissantes nations,
C'est l'ordre, l'union sans cesse :
A bas l'émeute, mes garçons.   Bis.

Vive la République ! la liberté et l'ordre !

Poitiers, 24 mars 1848.

IMPROMPTU.

CONFIANCE ET DÉFIANCE.

Air : *Jeanjeannot, jaloux risible.* (du **Mariage de Figaro.**)

Amis, pleine confiance
Dans le grand peuple français,
Mais soyons en défiance
Contre ces mauvais cadets

Qui, dès que tourne la chance,
Vous offrent des dévoûments,
Hier encore aux tyrans. Bis.

Hier avec arrogance,
Tel lâche osait soutenir
De ce roi dans la démence,
Le règne du bon plaisir ;
Aujourd'hui, plein d'impudence,
Couvert du sang des Français...
Dans nos rangs demande accès. Bis.

Aux égarés indulgence,
Au vrai repentir pardon.
Mais soyons en défiance
De mainte conversion,
Surtout des gens de finance,
Bons patriotes vraiment
Pour conserver leur argent ! Bis.

Qu'as-tu fait, mon camarade,
Tel ou tel jour, réponds net ?
Où siégeait ta barricade ?
Marchais-tu vers le banquet ?
Faisais-tu l'arquebusade
Avec maint coupe-jarret !
Tu te tais : on te connaît. Bis.

Repoussons ces alarmistes
Qui voudraient nous faire peur
Des ligues absolutistes
Qu'ils désirent de tout cœur !
On connaît ces monarchistes...
Tel se dit républicain,
Serait pour un roi demain. Bis.

Ces gens promettent merveilles
Dans mille pompeux récits,
Ce sont *frelons* aux *abeilles*
Voulant dérober le prix
De leurs travaux, de leurs veilles...
Ayons donc les yeux ouverts,
Défions-nous des pervers.   Bis.

A MONSEIGNEUR L'ÉVÊQUE D'AUT....

ET A SES CONFRÈRES ULTRAMONTAINS.

Air : *Petite table réveille, etc.*
De Fanchon la Vieilleuse.

Humble vêtement signale
L'homme d'église, dis-tu,
Et ta riche cathédrale
Te voit de pourpre vêtu !!! (1)
    Somptueux,
      Orgueilleux,
Crois-le bien, va ! tu n'abuses
Que les aveugles, les buses ;
Le Français a de bons yeux.   Bis.

Tu nous prêches l'abstinence
Dans des sermons foudroyants,
Quand tu t'es bourré la panse
De truffes et d'ortolans :
    Ce penchant,
      Peu décent,
(Pour des gens vivant à peine

(1) Les apôtres étaient vêtus de bure et portaient une croix de bois.

De pain toute la semaine),
Devrait te rendre indulgent.   Bis.

Tu vantes la continence,
Mais qu'une jeune beauté
Reluque ton éminence,
Au diable ta chasteté !
          O cafard !
          D'un regard
Ta faible chair s'émoustille...
Le feu de luxure brille
Dans tes yeux de Papelard.   Bis.

Messieurs, vous avez beau faire,
Crier et vous regimber,
Beau remuer ciel et terre
Sous le joug pour nous courber :
          Halte-là !
          Loyola
Ne peut plus tromper personne,
Et le Peuple, qu'on rançonne,
Va bientôt vous camper là.   Bis.

A notre classe ouvrière,
Extorquez son dernier sou,
Mendiez dans la chaumière
Pour saint Ignace et saint Loup :
          O lurons !
          Fins larrons !
Congréganisez nos filles
Et cloîtrez les plus gentilles
Pour vos récréations.   Bis.

Messieurs les trouble-ménage ,

Ecoutez un bon avis,
Partez , *tous*, c'est le plus sage,
Pour Rome (1) votre pays.
Nos curés,
Délivrés
De votre odieuse engeance,
Près de *certaine Éminence*
Ne seront plus dénigrés (2).   Bis.

Baume-les-Dames (Doubs), 15 *décembre* 1844.

IMPROMPTU

AUX SOI-DISANT RÉPUBLICAINS DU JOURNAL L'ABEILLE ET Cie,

qui voudraient qu'on fixât le siége de l'assemblée
constituante à Poitiers, Bourges ou à Quimpercorantin!!!

Air : *Un jour, il est Agriculteur.*
(*Du vaudeville de M. Guillaume.*)

Vouloir décapiter Paris !
On le voit cette idée est née
Au sein des absurdes partis,
Surtout *de la race acharnée*
Au maintien de tous les abus,
De la race *anti-fraternelle*,
Aux sots rabâchant les vertus,
En aecaparant *tout pour elle.*   Bis.

(1) Rome, alors sous le joug sanguinaire de Grégoire XVI, était pour les Jésuites un vrai pays de cocagne.

(2) Qui ignore que dans beaucoup de diocèses, MM. les curés et desservants les plus vertueux, les plus charitables sont en butte à mille tracasseries, à mille odieuses vexations de la part de leurs archevêques et évêques, pour peu qu'ils soient soupçonnés de ne pas accueillir, en toute docilité, les prétentions ultramontaines.

Quelle sublime invention !
Oh ! que ces gens ont de génie !
De notre grande nation,
De notre admirable patrie,
Elle veut briser les ressorts,
La faction que rien n'arrête...
Pour mieux faire marcher *le corps*,
Elle veut lui couper *la tête* !!!   Bis.

Mais nous avons les yeux ouverts,
Nous saurons déjouer l'intrigue
Des orgueilleux et des pervers
Composant cette pauvre ligue...
Le peuple toujours généreux
Laissera *ces gens-là* tranquilles :
En repos s'ils restent chez eux,
Aux lois s'ils se montrent dociles.   Bis.

Poitiers, 13 avril 1848.

A LA GARDE NATIONALE DE POITIERS.

NI L'UN NI L'AUTRE.

Air : *Du pas redoublé de l'Infanterie.*
(*Français ! le bal va se rouvrir.*)

Le Frédéric... le Ferdinand
   Se disputant l'Empire ! ! !
Ces vieux marchands d'orviétan
   Nous font pouffer de rire ! ! !
Chacun d'eux parle en vrai Trajan
   Et fait son bon apôtre ;
Mais l'Allemand n'est pas si Jean !
   Ne veut ni l'un ni l'autre.   Bis.

S'ils ne nageaient pas dans le sang
   Des Polonais, nos frères,
On aurait pu croire *au semblant*
   De leurs douces manières :
Il n'est plus temps... Assez causé,
   A présent *c'est le nôtre ;*
Le peuple enfin désabusé
   Ne veut ni l'un ni l'autre.   Bis.

Quant à toi, pauvre Nicolas!
   Type des autocrates,
De tes Cosaques, vil ramas
   De soldats automates,
Nous nous fichons comme de toi ;
   Et d'ailleurs tes affaires
Chez toi te retiendront bien coi,
   Ou gare à tes derrières !

O peuples ! encore six mois,
   Partout la République
Aura raison de tous les Rois !
   A la crise critique
Succéderont dans l'univers
   Habitants de la terre !
Vos fraternels et doux concerts
   Fêtant la nouvelle ère !

Poitiers, 8 avril 1848.

IMPROMPTU

POUR LE BANQUET OFFERT AUX VOLONTAIRES DE CIVRAY, GENÇAY, ETC., ETC.

Air : *Peuple français, peuple de frères !*

Au diable ! l'infernale clique
De tous ces enragés coquins
Ressuscitant la République
Des sanguinaires Jacobins.....
Mais, tas de brigands, notre France
De vous saura se garantir,
En exterminant votre engeance
Jusqu'au dernier pour en finir...   } Bis.

Cavaignac et toute l'armée
Et les gardes nationaux
Soustraieront la France opprimée
A vos coups, ô lâches bourreaux...
La République triomphante,
Celle d'un peuple plein d'honneur,
Sous ses pieds foulera mourante
La vôtre à jamais en horreur.

Poitiers, 27 juin, soir, 1848.

LES LENTIBERNIERS (1).

POT-POURRI SENTIMENTAL.

Air : *Voulez-vous savoir les on dit.*

Pour chanter des *Lentiberniers*
Toutes les cagnardises,

(1) Pour une nouvelle variété d'une certaine plante vénéneuse

Il me faudrait vingt gros cahiers :
  Et de ces balourdises
    Dont Thiers-Barrot
    Forment un ballot
  Pour revenir en place,
    Un âne, cent fois,
    Sous un si lourd poids,   } Bis.
    Se romprait la carcasse.

A tous ces impôts écrasants
    Qui pèsent sur la France
Nos augustes représentants
    Mettent peu d'importance :
      Ils perdent le temps
      Ces honnêtes gens
    En maint sot commérage ;
      Et le ventre plein
      On dit : « à demain
    Le reste de l'ouvrage. »   Bis.

C'est un véritable sabbat
    La maudite assemblée
Qui s'imagine être un sénat !!!
      Elle est bariolée
      De toute couleur,
      Dont une fait peur
    (Rappelant *la montagne*)

qui pullule en France, depuis le règne de ce roi, illustre fils de
Philippe-Égalité, il a fallu nécessairement créer un mot nouveau.
Nous prions M. Alexandre Dumas de le faire insérer dans le diction-
naire de l'Académie.

Lentibernier dérive de *Lentiberne*, mot qui exprime admirable-
ment cette lenteur, cette nonchalance, cet amour du *statu quo*
avec lesquels on *berne* la nation depuis 18 ans.

A maint gros trembleur
Qui manque de cœur :
Peut-on être si *cagne !*

Air : *A voyager pendant sa vie.*

Ah! quand ces cris à leur oreille
Retentissent, « *le peuple a faim :* »
La chambre sur ses bancs sommeille,
Les cris retentissent en vain...
Quand, parfois, *la vérité* perce
Signalant la France aux abois...
Une majorité perverse
En tumulte étouffe sa voix.   Bis.

Air : *Voulez-vous savoir les on dit.*

Dans cette grande question
    De la paix, de la guerre,
De notre *grande nation*
    On ne s'occupe guère :
    On va tâtonnant ,
    Ambitionnant
    A *Palmerston* de plaire...
    De poltrons un tas ,
    Même à *Nicolas*   } Bis.
Feraient tout pour complaire..

Air : *Princesse , le roi mon maître.*

Partout, ô ma pauvre France !
Tes nobles bras sont liés ,
Par leur lâche insouciance
Tu perds tous tes alliés :
L'Italie en vain demande
De tes armes le concours ,

Mais l'assemblée appréhende... } Bis.
Et temporise toujours,..

Ah ! de votre politique,
Sous peu , recevant le prix ,
Craignez que la République
S'écrie : ils nous ont trahis...
Quand il en est temps encore ,
Cédez aux vœux des Français :
Un peuple *qu'on déshonore* ,
Ne le pardonne jamais...

Air : *Peuple Français, peuple de Frères.*
Oui, Messieurs, la guerre civile
Ou bien la guerre *à l'étranger* :
Mais celle-ci l'autre annihile ,
Et ça doit vous encourager :
Sinon, vont gronder les tempêtes ,
Votre inviolabilité
N'en garantira pas vos têtes...
Ah ! craignez un peuple irrité .. } Bis.

Poitiers , 24 août 1848.

Que Messieurs les Lentiberniers prennent note de la date de cette
chanson : pas si chanson... *Ils le verront...*

LE DÉSESPOIR D'UN VIEUX SOLDAT.

Air : *Du myrthe frais* ou *du triste olivier.*

Bien que servant mon pays de tout cœur,
Je vous le dis, camarades, j'enrage
Quand, hélas ! je vois *de l'honneur*
Nos chefs oublier le langage :

Un Autrichien ! oser nous parler haut...
    Et le Gouvernement de France
    Accepte une telle insolence...
    S'endort dans un lâche repos...   } Bis

Ah ! c'est trop fort... Qui jamais nous eut dit
Qu'une assemblée, à nos yeux grande et pure,
    Du déshonneur à notre habit
    Imprimerait la flétrissure. .
Dans aucun temps, soit Empereur ou Roi
    A nous, soldats de notre France,
    Aucun n'aurait eu la démence
    De dicter cette honteuse loi !!!.

Quoi ! serons-nous toujours en garnison
Dans ce Paris pour faire des patrouilles,
    Ou bien sans cesse en faction,
    Y bâillant en vrais *niquedouilles* ?
Nous faudra-t-il, sans cesse, nous guerriers !
    Pour une *cagne* d'assemblée
    Au bord d'un abîme acculée,
    Voir flétrir nos mille lauriers ???

Ils restent sourds... quand, Vandales nouveaux,
Depuis trois mois inondant l'Italie,
    De la Pologne les bourreaux
    D'une seconde tragédie,
Donnent au monde un spectacle sanglant...
    Mais Thiers pérore et discute
    Et nouveau Don Quichotte lutte
    Avec quelques moulins à vent !

De l'Autrichien, du Russe, de l'Anglais
Ah ! laissons-les mendier l'alliance

A deux genoux... mais nous, Français !
Nous n'obéissons qu'à la France :
Nous leur crions à ces représentants,
    Coupables de cette infamie :
    » A-bas ! traîtres à la patrie...
    » A-bas ! *grenaille de tyrans*...

Sans plus tarder, armé de ton drapeau,
L'honneur te crie en avant ! noble France !
    Assez d'un coupable repos...
    En-avant ! à la délivrance
Des nations il faut marcher... marchons...
    De cet instant, en paix la France
    Abjure toute méfiance,
    Meurent toutes les factions.

Poitiers, 26 *août* 1848.

DANS LE SIÈCLE DES LUMIÈRES, ON ADORE LES CHANDELLES

ET L'ON FINIRA PAR LES MANGER.

Air : *Enivré du brillant poste*.

En fabriquant des chandelles
Parce qu'on gagne des sous,
Se supposer des merveilles
Et s'estimer plus que nous ;
C'est le fait d'un imbécile,
On mérite une chanson
Qu'on chantera dans la ville
En l'honneur du sieur Busson (1). } Bis.

(1) Fameux fabricant de chandelles, faubourg Saint-Germain, à Paris.

Ces bonnes gens-là sont fières
D'avoir un vieux tape-cul,
Où se donne des manières
De prince, un sot malotru :
Sur une rosse efflanquée,
Il frappe à grands coups de fouet,
Et madame, requinquée,
Prend son petit air coquet.

Sur des chaises *retenues*
On se rend *au Sacré-Cœur :*
Pour fêter leurs bienvenues
Chacun leur rend maint honneur ;
On les salue à la porte,
Et l'eau bénite, à foison,
Tombe sur la femme accorte
Et sur l'orgueilleux Busson.

En pompe à la promenade
Au Luxembourg se rend-t-on,
Madame, en grande parade
Tortille du croupion ;
Avec un air de duchesse,
On lorgne un joli garçon,
Qui dit tout bas : « La bigresse
» Sent la graisse de mouton. »

Armé de sa longue pipe,
A la conversation,
Monsieur, parfois participe
En se frottant le menton ;
Assis sur un banc de pierre,
On se croit du meilleur ton,
En y buvant de la bière
Et croquant un macaron.

Mais, chacun a sa manie,
On passerait là-dessus,
Si certain dogue en furie
Dans la baraque reclus,
Ne faisait un tel tapage,
Qu'on ne peut ni jour, ni nuit,
Dormir, se mettre à l'ouvrage,
Tant cet animal rugit.　　　　　　　Bis.

Ce dogue, le voisinage
S'en plaint : De plus un marteau,
Que tout venant, au passage
Tape sur quelque air nouveau,
Pour que *la chandellerie*
Finisse enfin par s'ouvrir
Et de voir sa seigneurie,
Qu'on savoure le plaisir.　　　　　　Bis.

Ici, *la chandellerie*
Est un redouté pouvoir,
Et Busson et compagnie
Boivent la goutte le soir ;
Avec les sergents de ville,
Du commissaire on se rit...
Toute plainte est inutile,
Tant le suif est en crédit !!!　　　　Bis.

Au nom de tout le quartier que le dogue et le marteau empêchent
de dormir.

Un voisin plus que patient.

Paris, août 1848.

LE RÉVEIL DU PEUPLE,
EN 1847.

Air : *Peuple français, peuple de frères.*

Peuple français ! peuple crédule !
Comment peux-tu voir sans dégoût,
La corruption, la crapule,
Depuis seize ans envahir tout ?
Tu souffres qu'une race avide
Nargue tes généreux efforts
Et te laisse *le ventre vide*
En *remplissant* ses coffre-forts!   Bis.

Tous enrichis par le pillage,
Ils n'osent fuir tes oppresseurs !
Craignant qu'on ne fasse , en voyage ,
Enfin justice des voleurs.
Lâches ! rassurez-vous , la France
D'un sang vil ne se souille pas.
Fuyez ! pour unique vengeance ,
Un froid mépris suivra vos pas.   Bis.

D'infortunés ô foule immense !
Dont la faim creusa les tombeaux ,
Victimes de l'imprévoyance
D'arrogants rhéteurs, vos bourreaux !
Nous prions Dieu , sur votre tombe ,
De venger tous leurs attentats.
Que sa foudre céleste tombe
Sur ces traîtres en mille éclats !   Bis.

Et vous à l'infâme système
Assurant la majorité ,
Vous députés qu'*un Guizot* aime

Et paie à tant par lâcheté :
Suivez le cours de la rivière
Jusqu'à Saint-Cloud , dont les filets (1)
Termineront votre carrière
Si fertile en tant de hauts faits !!!   Bis.

Poitiers , juin 1847.

CANTIQUE

POUR LA COMMUNAUTÉ DU SAINT-SACREMENT DE POITIERS.

Air : *Te bien aimer , ô divine Marte !*

Saint-Sacrement ! nous, dans ton sanctuaire,
Où, jour et nuit, notre adoration
Va t'implorant, vois notre foi sincère,
Bénis toujours, protége *ta maison.*   Bis.

Verse, en nos cœurs, cette grâce divine :
L'homme, *ici-bas*, sans elle ne peut *rien*,
Mais il peut *tout* quand la grâce l'anime;
S'il a la foi, le ciel est son soutien.   Bis.

Religion ! ô source sainte et pure !
Bien malheureux qui repousse tes lois !
Il suit, toujours, celles de la nature,
Religion ! l'homme écoutant ta voix.   Bis.

La charité, qu'elle nous recommande,
Est le lien de la fraternité ;

(1) Les filets de Saint-Cloud, où tant de désespoirs payent journellement leur funèbre tribut : effet immanquable de notre admirable ordre social, du système incomparable de tous les gouvernements qui se succèdent.

La charité !... mais elle nous demanda
De ne jamais blesser *l'égalité* ..   Bis.

Oui, devant Dieu, nous, tous tant que nous sommes,
Sommes égaux : Oui, le plus méritant
Est à ses yeux, parmi nous, faibles hommes !
Le plus chrétien, donc le plus bienfaisant.   Bis.

Qui fait le bien, ô céleste *espérance !*
Dieu l'a promis, ne craint rien *ici-bas* :
Pour sûr, *là-haut*, aura sa récompense,
Lors, d'un œil ferme, il sourit au trépas...   Bis.

Saint-Sacrement ! nous, dans ton sanctuaire,
Où, jour et nuit, notre adoration
Va t'implorant, vois notre foi sincère,
Bénis toujours, protége *ta maison*.   Bis.

Poitiers, 24 mai 1848.

Combien de personnes lisent sans attention les vers les
mieux sentis ! Qui les sait ? Pitié de notre siècle ! l'intérêt
matériel a tout flétri...

J'ai retrouvé avec bonheur la chanson admirable qui
suit ; j'avais oublié les paroles, en *voici l'air*, que M. de
Lamartine ne donne pas dans son œuvre, son chef-
d'œuvre (1).

M. de Montjourdain adressa, la veille de sa mort, les
strophes suivantes à la jeune femme qu'il allait quitter.
(Historique.)

Air : *Vieillard qui d'amour est épris.*

L'heure approche où je vais mourir,
L'heure sonne et la mort m'appelle ;

(1) Les Girondins, liv. 57, tom. 8, pag. 132.

Je n'ai point de lâche soupir,
Je ne fuirai point devant elle.
Demain mes yeux inanimés
Ne s'ouvriront plus sur tes charmes,
Tes beaux yeux à l'amour fermés
Demain seront baignés de larmes.   } Bis.

Si dix ans j'ai fait ton bonheur,
Garde de briser mon ouvrage,
Donne un moment à la douleur,
Consacre au bonheur ton jeune âge.
Qu'un heureux époux à son tour
Vienne rendre à ma douce amie
Des jours de paix , des nuits d'amour
Je ne regrette plus la vie.   Bis.

Si le coup qui m'attend demain
N'enlève pas ma pauvre mère,
Si l'âge, l'ennui, le chagrin.
N'accablent pas mon pauvre père,
Ne les fuis pas dans ta douleur,
Reste à leur sort toujours unie;
Qu'ils me retrouvent dans ton cœur,
Ils aimeront encor la vie.   Bis.

AUTRE COUPLET,

Même air,

Par un officier de dragons, traîné à la guillotine dans la fatale charrette, chanté par lui-même, en s'adressant aux misérables qui l'insultaient.

Quand au milieu de tout Paris,
Par ordre de Fouquet-Tinville ,
On me roule à travers les cris

Du peuple étourdi de la ville,
Il croit que de sa liberté
Ma mort assure la conquête :
Que peut y faire, en vérité,
Pauvres bêtas ! ma *pauvre* tête ?...   Bis.

LES DRAGONS.

IMPROMPTU.

A MONSIEUR RIBOUD, CAPITAINE AU 1er DRAGONS.

Air : *Aussitôt que la lumière.*

Requis par madame Rique,
Tout chaud de componction
Je fis naguère un cantique,
Qu'eût envié Massillon.
Aujourd'hui, d'humeur guerrière,
Je vais chanter les dragons,
Et pour sûr je saurai plaire,
Si je peins bien ces démons.   } Bis.

En amour comme à la guerre
Le dragon impatient,
Sur le Russe ou la bergère
Se précipite en chantant.
Il faut lui rendre les armes
Tant il tape en bon garçon,
Tant on lui trouve de charmes
Avec son air sans façon.   Bis.

En avant ! ce mot, en France,
Aux belles comme aux guerriers
Donne toute confiance,

Et ces sots *Lentiberniers*
Qui demeurent en arrière...
N'auront jamais de succès,
Pas plus en amour qu'en guerre,
Car ils ne sont pas Français.

Buvons donc tous à pleins verres
Au brave Premier Dragon,
Au chef à belles manières !
Aux officiers à bon ton !
Il en faut pour tout le monde,
Et, dans Poitiers, tout tendron,
La grisette brune ou blonde,
A chacune son dragon.

Ce qui n'empêche pas les blés de pousser.

Poitiers, 8 août 1848.

CHANSON

Et air, que presque personne ne connaît.

Si vous voulez être discret,
Je vous confierai mon secret,
Mais n'en dites rien à personne,
C'est à ce prix que je le donne :
Et si vous manquez à ce point,
De grâce ne me nommez point.
Etre indiscret, n'est pas mon caractère, ⎫
Et ce que je sais, je sais fort bien le taire, ⎬ bis.
Et ce que je sais, je sais le taire. ⎭

Lise demeure dans ma maison,
Elle a bon air, bon tour, bon ton :

Un jour, je lui dis, ma voisine,
Avec aussi piquante mine,
Avec un air aussi charmant,
Vous avez sans doute un amant.
Etre indiscret, etc., etc.

La belle, d'un air sérieux,
Me dit : Monsieur est curieux,
Puis, se retournant, d'un pas ferme
Ouvre la porte, entre, la ferme :
Surpris de ce ton singulier
Je lui criai sur l'escalier,
Etre indiscret, etc., etc.

Sur les minuit, rentrant chez moi,
Poussé par un je ne sais quoi,
Je vis la clef dessus la porte,
Le diable ou l'amour me transporte,
Je tourne la clef lestement,
J'ouvre la porte doucement.
Etre indiscret, etc., etc.

Dans son antichambre à tâton,
J'entre sans poser le talon,
Bouche ouverte, oreille attentive,
Cœur palpitant, sur le qui-vive,
Tremblant de crainte et de plaisir,
Mais inspiré par le désir.
Etre indiscret, etc. etc.

Au fond de son appartement
Mon œil aperçoit justement
Une cloison assez mal jointe,
M'élevant un peu sur la pointe,
En clignant l'œil, je pouvais voir

Ce qu'on faisait dans le boudoir.
Etre indiscret , etc., etc.

Femme charmante à son miroir,
(Sa glace doublait mon espoir),
Son ondulente chevelure
Flottait autour de sa ceinture,
Je jugeai par son embonpoint
De ce que je ne voyais point.
Etre indiscret, etc., etc.

La belle se déshabillait,
A chaque épingle qu'elle ôtait
De plaisir je versais des larmes,
Je me disais : ah ! que de charmes
Sont cachés sous ce vêtement...
J'aspirais au dernier moment.
Etre indiscret, etc., etc.

Grand Dieu ! en croirai-je mes yeux,
Ses beaux , ses superbes cheveux
N'étaient qu'une perruque blonde...
Et cette belle forme ronde
Devait tout au fichu menteur...
En elle , tout était trompeur.
Etre indiscret, etc., etc.

Les faux appas de ma Lison
Me rendirent à la raison,
Mon cœur, de feu devint de glace,
Sans dire mot quittant la place,
Je m'en fus tout déconcerté ;
De rien je ne me suis vanté.
Etre indiscret, etc., etc.

IMPROMPTU.

A MONSIEUR LIMOUSIN, COMMISSAIRE DE POLICE.

Air : *Du pas redoublé de l'infanterie.*

Enfin, je suis resté vainqueur !
  Les maudites chandelles,
Le marteau, le dogue en fureur
  Ne seront plus rébelles
Aux ordres précis de nos lois :
  Un brave commissaire
Enfin sauvegarde mes droits   } Bis.
  Dans mon lit solitaire.

Enfin, je pourrai donc dormir,
  Rêver couleur de rose...
Ah ! dans nos jours, un tel plaisir
  Est une rare chose :
Tant de nuages rembrunis !
  D'insipides mensonges !
A Poitiers tout cemme à Paris
  Font qu'on ne vit qu'en songes...   Bis.

Quand donc, enfin, un bras puissant,
  De la fade éloquence
De maint bavard représentant
  Purgera-t-il la France ?
Il lui faut pour législateurs
  Des hommes d'énergie
Et non d'un ramas de rhéteurs
  La verbeuse manie (1).   Bis.

(1) Auteur d'une ode à *l'Assemblée nationale*, en avril dernier, qui témoigne de mon respect ; j'ai le droit d'exprimer toute mon indignation contre les membres qui la déshonorent.

Alors, pour conquérir la paix,
  Une paix honorable,
Partout notre drapeau français
  Flottera, secourable
A nos vieux frères polonais,
  A la noble Italie,
Et sans le concours des Anglais
  Vaincra la tyrannie.

Poitiers, 9 septembre 1848.

IMPROMPTU.

A MONSIEUR PENOT, CURÉ DE BIARD.

Air : *Contre les chagrins de la vie.*

Dans une occasion récente
J'ai chanté le Premier Dragon,
En ce jour ma muse décente
D'un bon apôtre prend le ton :   Bis.
Ici, les vertus, la sagesse.
Jointes à maint et maint talent
Me font trop sentir ma faiblesse,
Néanmoins, allons en avant !   Bis

Penot mérite, à plus d'un titre,
Pour le moins un archiprêtré,
De son sort si j'étais l'arbitre,
Vous le verriez, bientôt, *mitré* :   Bis.
Il est aimé dans sa commune
Ainsi que dans tous les cantons,
Et c'est une bonne fortune
Quand il parcourt les environs.   Bis.

Donc, à la santé de notre hôte
Messieurs et Mesdames buvons,
Et que chacun de sa poche ôte,
A ses pauvres pour faire dons,   Bis.
Deux beaux sous en bonne monnoie;
En buvant, aider son prochain,
Toujours rend plus douce la joie
Et fait trouver meilleur le vin.   Bis.

22 août 1848.

LES RÉPUBLICAINS DE LA RUE DE POITIERS,
A PARIS.

Air : *Jeanjeannot, joloux risible.*

Ce fier généralissime
 Du fameux club-réacteur,
 Suant le patriotisme,
Mons Thiers *le bastilleur*...
 Chaud de républicanisme !!!
Est de Philippe l'agent.....
Il gagne bien son argent.   Bis.

Général en second ordre
Le grand citoyen Barrot
Voudrait bien nous faire mordre
A la régence... Le sot !
De l'élément de désordre,
Du roitelet de Paris...
Qui diable ! en veut mes amis ?   Bis.

Le Napoléon cosaque,
Confident de Nicolas,
Tournerait vite casaque,

Aussi, ne le croit-on pas :
Son doux style élégiaque
Nous vante la liberté !!!
C'est être trop effronté...   Bis.

Et Dumas, le romantique,
Chamarré de maint cordon,
Va prônant la République
Qu'il entend à sa façon,
République despotique
Où dominerait l'orgueil,
S'il occupait le fauteuil...   Bis.

Quant *à la clique* insolente
De ces pauvres mirmidons
Semant, partout, l'épouvante
En rallumant les brandons
De l'émeute encor saignante...
La France les déjouera,
Et le mépris la suivra.   Bis.

Cavaignac (et Lamartine
Sur la scène revenu),
De leur souterraine mine
Mettront les traces à nu...
Et Messieurs de la rapine
Avec leur corruption
Nous montreront le talon.   Bis.
    Ainsi-soit-il.

Poitiers, 23 juillet 1848.

AUSSITOT QUE LA LUMIÈRE.

Par maître Adam (menuisier de Nevers).

Chanson complète et non morcelée comme dans tant de recueils

Aussitôt que la lumière
A redoré nos coteaux,
Je commence ma carrière
Par visiter mes tonneaux.
Ravi de revoir l'aurore,
Le verre en main, je lui dis :
« Vois-tu sur la rive more
Plus qu'à mon nez de rubis.   } Bis

Le plus grand roi de la terre
Quand je suis dans un repas,
S'il me déclarait la guerre,
Ne m'épouvanterait pas.
A table rien ne m'étonne,
Et je pense quand je boi,
Si là-haut Jupiter tonne,
Que c'est qu'il a peur de moi.   Bis.

Si quelque jour, étant ivre,
La mort arrêtait mes pas,
Je ne voudrais pas revivre
Pour changer ce grand trépas.
Je m'en irais dans l'Averne,
Faire enivrer Alecton
Et planter une taverne,
Dans la chambre de Pluton.

Par ce nectar délectable,

Les démons étant vaincus ,
Je ferais chanter au diable
Les louanges de Bacchus.
J'apaiserais de Tantale
La grande altération
Et passant l'onde infernale ,
Je ferais boire Ixion.

De tous les dieux que la fable ,
A mis dans son Panthéon ,
Il n'en est qu'un véritable
Qui soit digne de ce nom.
C'est Bacchus que je veux dire ,
Pour les autres immortels ,
Je crois qu'un buveur peut rire ,
Même aux pieds de leurs autels.

Au bout de ma quarantaine ,
Cent ivrognes m'ont promis
De venir , la tasse pleine ,
Au gîte où l'on m'aura mis.
Pour me faire une hécatombe
Qui signale mon destin ,
Ils arroseront ma tombe
De plus de cent brocs de vin.

De marbre ni de porphyre
Qu'on ne fasse mon tombeau ,
Pour cercueil je ne désire
Que le contour d'un tonneau ,
Et veux qu'on peigne ma trogne
Avec ces vers à l'entour ,
« Ci-gît le plus grand ivrogne
« Qui jamais ait vu le jour.

A ma mort, que l'on m'enterre
Dans la cave où est le vin,
Le dos à plat sur la terre,
Dans ma bouche le robin;
Dans ma gorge qu'on l'enfonce,
Que je boive à gosier plein !
Si la futaille défonce
Je nagerai dans le vin.

LE RÉVEIL DU LUXEMBOURG.

SOUS LOUIS-PHILIPPE.

Air : *Peuple français ! peuple de frères !*

Enfin nos vieux de la pairie
Trouvent qu'ils ont dormi longtemps,
Les voyez-vous, pleins de furie
Crier : « guerre à mort aux tyrans; »
Applaudissons et laissons faire,
Car toujours les gens les plus doux,
Quand ils se mettent en colère,
Ont un redoutable courroux.　　　　} Bis.

Les enragés ! oh ! quelle séance...
Ont-ils assez vexé Guizot !
Qui, d'un ton plein de suffisance,
Leur débitait maint lourd fagot :
Chez son patron, dans la soirée,
Ah ! qu'il a dû paraître sot !
Va ! traître ! à ta clique abhorrée,
On n'a pas dit le dernier mot...

Guizot, dans ta *chambre vendue,*

Se trouvent des cœurs généreux
Et la France n'est point déchue,
Au point de souscrire à tes vœux;
Malgré ta ligue despotique,
Ton Metternich, ton Nicolas,
Crois-nous, ta lâche politique,
Traître ! ne réussira pas.

Oui, patience, à la tribune
Bientôt, on entendra tonner,
Pour toi, l'éloquence importune
Qui saura bien te détrôner;
Par l'inspiration divine
Le plus admirable orateur,
Toujours si puissant, Lamartine !
Brisera l'*homme de malheur*.

Poitiers, 15 janvier 1848.

RÉACTION

EN 24 HEURES, A LA CHAMBRE DES PAIRS.

Même air.

Sur cette poltronne pairie
C'était compter trop bonnement...
Echo de la jésuiterie,
De Polignac digne pendant,
Montalembert, le rétrograde,
Sur lui se calque imprudemment,
Et vous verrez que sa bravade ⎱ Bis.
Aura le même dénoûment... ⎰

(Ce qui n'a pas manqué.)

Poitiers, 6 janvier 1848.

Observation en septembre 1848. — Pourquoi faut-il que les gens d'esprit soient privés du sens commun le plus vulgaire? Pourquoi faut-il que le ci-devant pair de France, Monsieur de Montalembert, actuellement membre de notre auguste assemblée nationale, soit du nombre de ces honnêtes gens qui s'acharnent constamment à retomber dans la même faute? *Son opinion tranchée* (1) a contribué pour beaucoup, sous Louis-Philippe, à accélérer la chute de ce roi qui avait une si belle partie à jouer, s'il se fût montré fidèle à son origine, fidèle à la charte.

Maintenant, le ci-devant pair Ignacien ne rabat rien de ses prétentions ultramontaines, tout en proclamant comme toujours (ce qui est de rigueur), la liberté de l'enseignement! O cher Escobar! Comme toujours, aussi, le citoyen de Montalembert opine pour l'éducation entre les mains des ordres religieux, et surtout, entre celles de ces bons pères, auteurs de tous les maux qui ont pesé, qui pèsent et péseront encore longtemps sur notre chère France.

Mais, où cet orateur excelle, où personne ne peut lui être comparé, c'est quand il verse l'injure à pleins bords à l'Université. Cependant, cette antique institution a formé, forme encore des hommes remarquables, des bons français, tandis que l'éducation monacale, et surtout celle des jésuites, n'a jamais su que créer des hypocrites et de mauvais citoyens. (*Voir la séance de l'assemblée nationale du 19 septembre*). Et je prédis encore que l'assemblée aura le même sort que Louis-Philippe, si elle écoute les Montalembert et compagnie.

(1) Opinion de MM. les rédacteurs du journal l'*Abeille* de Poitiers, journal dans lequel, avec infiniment d'esprit, ces messieurs sont toujours à côté de la question.

Dernier avertissement cordial en octobre 1848. **Messieurs les réactionnaires de toutes couleurs**, les opinions sont libres, dites-vous?—Oui libres, mais, entendons-nous bien, tant qu'elles ne sont pas nuisibles, en les propageant, à dessein, parmi les masses des populations que vous flattez d'espérance dont la réalisation est impossible...

En politique, je vous l'ai dit cent fois, on ne raisonne pas avec des impossibilités, avec des désirs. Vous avez trop d'instruction pour ne pas le sentir vous-mêmes, mais égarés par vos passions, les uns par l'orgueil et l'esprit de domination, les autres par l'égoïsme, l'avarice, vous répandez journellement les mensonges, les nouvelles alarmantes avec une ténacité, une apparence pleine de bonne foi parmi les populations, en général, plongées encore dans la plus complète ignorance, ignorance superstitieuse qu'entretient, *d'accord avec vous*, une partie du clergé. Ah! Messieurs, veuillez m'en croire, je ne tiens à aucune coterie et le bien que je vous souhaite m'autorise à vous parler franc. Que de maux vous nous préparez encore, et cependant que de bien vous pourriez faire à notre pays; si, au lieu d'être toujours hostiles à la République, *vous usiez de l'ascendant* que vous donnent vos possessions territoriales et le souvenir des anciens services rendus à la France par vos pères et vos glorieux ancêtres, depuis des siècles, sur tant de champs de bataille; *si vous usiez de ce puissant ascendant*, pour éclairer, pour rallier au gouvernement tous ces braves gens, sur lesquels vos relations journalières vous donnent tant de crédit, au lieu de les pousser à la révolte, à la guerre civile qui ne peut avoir pour résultat que de faire couler encore des torrents de sang, ruiner entièrement le commerce et nous attirer, enfin, une nouvelle révolution, dont vous et vos alliés laïques et ecclésiastiques seriez les premières victimes.

Messieurs, loin de m'en vouloir de ma franchise, suivez mes conseils, vous vous en trouverez bien.— Je n'ai pas fait, *toute ma vie*, que des chansons, croyez-en donc ma vieille expérience.

LA MARSEILLAISE CONTRE LES ANGLAIS.

A ces perfides insulaires
Qui voudraient flétrir nos lauriers,
A ces lâches folliculaires,
A ces milords et boutiquiers,   bis.
Sans plus tarder, France guerrière,
Montre enfin tes vaillants soldats ;
Que tous ces faiseurs d'embarras
Sentent le poids de ta colère ;
Jeunes et vieux guerriers, formez vos bataillons,
   Marchez, marchons,
Sans plus tarder, réveillons-nous, marchons. Bis.

Que cette odieuse cabale
Des Guizot et des Palmerston,
Que leur entente cordiale
Ayant abusé maint oison.   Bis.
Que ces lâchetés, ces bassesses
Dont on rougit depuis dix ans,
Ces droits de visite insultants...
Ce fatras de notes traîtresses ;
Cet édifice honteux tombe sous nos canons,
   Marchez, marchons,
Sans plus tarder, réveillons-nous, marchons. Bis.

Laisserons-nous le *Doctrinaire*
Compromettre nos libertés ?

Par Pritchard, le missionnaire,
Des soldats français insultés !!!　　　　　Bis.
Guizot et Pritchard, triste engeance !
Serez-vous toujours triomphants ?
Et le règne des intrigants
Doit-il donc avilir la France ?...
Aux armes ! sans tarder, formez vos bataillons,
　　　　Marchez, marchons,
Tous, à l'envi, sur ces forbans frappons.　　　　　Bis.

Oui, nous voulons la paix du monde,
Mais la paix en hommes de cœur,
La paix sur la terre et sur l'onde,
La paix, compagne de l'honneur.　　　　　Bis.
Mais sous la férule classique
D'un pédagogue astucieux,
De ses chers Anglais amoureux !
Nous, subir le joug despotique !!!
Oh ! non, braves Français ! sur les Anglais tombons,
　　　　Marchez, marchons,
Tous, à l'envi, sur ces forbans frappons.　　　　　Bis.

Baume-les-Dames (Doubs), 4 septembre 1844.

NOEL.

Air : *Tous les bourgeois de Chartres.*

Le poupon de Marie
Fait grand bruit au château ;
En fort propre écurie
Se voit un beau berceau
De fin bois d'acajou, bien garni de dentelles,
Et le charmant petit fanfan

Sourit à sa jeune maman,
La reine des pucelles.   } Bis.

Notre bon roi de France
En galant troubadour
S'y rend en diligence
Escorté de sa cour ;
Sur un air de noël il fredonne un cantique
Et, dans sa barbe ricanant,
A la vierge il donne en passant
Le salut angélique.

Le brave d'Angoulême
Penchant un peu le corps,
L'air dévot, le teint blême,
L'œil baissé, le cou tors
Près de l'enfant Jésus humblement s'agenouille,
Et, grave comme un magister,
Lui roucoule un joli *Pater*
Qui, Dieu sait, le chatouille.

L'héroïque duchesse
Pieuse fièrement,
Regarde son hôtesse
Assez négligemment,
Car, à son grand regret, à ce fameux mystère
Elle ajoute fort peu de foi,
Pensant qu'un fils de bon aloi
Veut un vigoureux père.

Sans se casser la tête
De cet amphigouri,
Assiste à cette fête
La jeune de Berri,

Et son œil éveillé dit avec éloquence :
<blockquote>

« Ah Dieu ! comme on m'en a conté
» Quand à Naples on m'a vanté
» Les plaisirs de la France. »
</blockquote>

Avec l'air militaire
Monseigneur de Bordeaux
Considère la mère,
Semblant dire : « Je vaux
« Sur mon honneur autant que votre géniture ;
» Prince d'un peuple de héros,
» Je peux, de pair avec l'agneau,
» Courir toute aventure. »

Quant à Mademoiselle,
Son petit compliment
A la brune pucelle
Peint de l'étonnement :
« Quoi! vous êtes maman... et puis vous êtes vierge...
» Si jamais j'en peux faire autant,
» A ma paroisse assurément
» Je promets un beau cierge. »

Au milieu de l'étable
Villèle s'avançant,
Vous prend son air capable,
Son air de trois pour cent ;
En style des bureaux à Marie il s'informe
De tout ce qu'en Judée on dit
De ses talents, de son esprit,
De son génie énorme.

Malgré l'air hébraïque
Du ministre gascon,

A ce panégyrique
La Vierge ne répond,
Le doux Jésus aussi garde un morne silence,
Mais l'âne et le bœuf à l'instant
Du duo le plus discordant
Saluent son éloquence.

L'irascible Excellence
Dont Corbière est le nom,
Pour venger cette offense
Faite à son fier patron,
Du ton d'un avocat qui braille à l'audience
S'escrime en argot du Pont-Neuf :
O prodige ! et l'âne et le bœuf
Sont réduits au silence...

Profitant de ce calme,
Messire Peyronnet
Se haussant d'une palme,
D'un air doux et discret
En orateur de Bourges défile son antienne
Et dit : « Je suis garde des sceaux
» Et le protecteur né des sots
» De la France chrétienne. »

De la France chrétienne
J'inculque aux régiments
La gloire autrichienne,
L'amour des Musulmans,
Dit avec dignité mons de Clermont-Tonnerre,
Car les Turcs sont gens fort polis,
En mœurs, en beaux arts bien appris,
Et l'honneur de la terre.

C'est surtout la marine,

Dit Chabrol, qu'il faut voir !
Manœuvre et discipline,
Sans me faire valoir,
Parlent assez pour moi de Dunkerque à Minorque,
Mais pour faire la course au loin,
Notre ami l'Anglais, au besoin,
Nous prend à la remorque.

Étranger aux affaires,
Étrange événement !
Affaires étrangères
Sont mon département,
Dit le noble Damas, modestement ignare,
Mais enfin je suis très-dévot
Et j'en sais tout autant qu'il faut,
Villèle le déclare.

D'humeur un peu coquette
Monseigneur Frayssinous,
En robe violette,
Dit : « J'en sais plus qu'eux tous;
» Aussi j'ai, dessous moi, l'instruction publique :
» Chez nous on apprend à prier
» Et surtout à s'extasier
» Devant l'art jésuitique. »

Le plus doux ministère
Grâce au ciel est mon lot
Et de la bonne chère
Je suis le vrai suppôt
Répète avec orgueil monseigneur Doudauville,
Oui je peux offrir à Jésus
Les vins, les coulis et les jus
Les meilleurs de la ville.

Ce discours raisonnable
Plaît au grand aumônier,
Qui, pour se mettre à table,
Toujours prêt à prier,
Donne bénignement, de sa dextre légère,
A tous la bénédiction,
En proclamant la session
Complète et régulière.

Tout le monde défile,
Et Jésus soupirant,
A cette longue file
Redit moëlleusement :
« Ah ! messieurs, au récit de votre politique,
» J'ai manqué périr en bâillant,
» Faites-moi grâce l'an suivant
» De votre rhétorique. »

Adieu ! leur dit Marie,
Adieu ! leur dit Joseph,
Avec galanterie,
En inclinant le chef,
Adieu ! disent en chœur le bœuf ainsi que l'âne,
Et, si de vous revoir ailleur
Nous devions avoir le malheur,
Que plutôt Dieu nous damne !

La séance levée,
Dieu, saint, Vierge, animal,
Tout reprend sa volée
Vers le palais royal,
Après une ribote aux frais de la police,
La Vierge grimpe lestement

A son quatrième, en chantant
De Cythère l'office.

Jésus à l'estrapade (1)
Retourne tristement
Joindre maint camarade
Orphelin en naissant ;
L'âne paisiblement remonte à son Montmartre,
Et le pauvre bœuf innocent
Chez son maître boucher se rend :
Il l'attend pour l'abattre.

Regagnant son église
De Germain-l'Auxerrois
Joseph, au coin, se grise
Pour s'affermir la voix,
A Monsieur son curé, ce brave chantre ensuite,
Remet maint beau rouleau bien lourd ;
Heureux ! qui revient de la cour
Avec telle eau bénite.

Indulgences plénières sont accordées à tous ceux et celles qui chanteront ce pieux cantique trois fois de suite sans reprendre haleine.

Nota. — Il a été fait fort à l'avance de la solemnité de Noël, pour que le plus possible de personnes dévotes fussent à même de le savoir par cœur et de le chanter couramment à cette époque.

Composé et savamment versifié par un vieux soldat très-religieux et très-royaliste quand même ; c'est-à-dire religieux sans jésuitisme, et royaliste comme Jean-Bart, sans courtisannerie, bassesse et flatterie qui perdent les rois.

Charolles, septembre 1826.

(1) Aux enfants trouvés.

LE DÉNOUMENT.

Couplets composés par l'abbé Plouvier, à l'occasion de mon premier mariage (1).

Air : *La pipe de tabac.*

Messieurs, le jour qu'on se marie,
Est un jour de félicité,
Ici comme à la comédie,
Tout vous invite à la gaîté :　　　　Bis.
Parmi vous il est une belle
Dont le cœur bat en ce moment,
Et qui, dans la pièce nouvelle,
Doit figurer au dénoûment.　　　　Bis.

Augustine est jeune et gentille,
Brillante de mille agréments,
Elle tient beaucoup de famille
Pour la beauté des sentiments :　　　　Bis.
Permettez-moi donc de le dire,
Dans les mains d'un homme à talent,
Ce sujet charmant doit produire
Un des plus jolis dénoûments.　　　　Bis.

Jeunes amants, dans cette affaire,
Comme le cas est délicat,

(1) Ce brave abbé de l'ancien régime avait un cœur d'or et un esprit d'ange : ruiné par la Révolution, il entourait sa vieille mère des soins les plus touchants de la piété filiale ; nous nous aimions beaucoup. C'est lui qui, le premier, encouragea mes débuts en littérature, où j'aurais pu réussir, si le sort ne m'avait pas lancé dans l'infernale carrière financière, de toutes celles qu'un mortel peut parcourir la plus bêtement absorbante et la plus antipathique à tous sentiments généreux.

On va d'abord chez le notaire
Qui rédige votre contrat :   Bis.
C'est un garant de vos promesses,
Vous savez, qu'en se mariant,
Il faut avoir toutes ses pièces
Pour arriver au dénoûment.   Bis.

Le jour de la cérémonie
Vous irez tous deux à l'autel
Et devant bonne compagnie
Vous jurer amour éternel :   Bis.
Ne craignez pas de vous soumettre
Aux demandes du célébrant,
Car c'est lui qui doit vous permettre
De procéder au dénoûment.   Bis.

Tous vos amis prendront la lyre
En l'honneur de cet heureux jour,
Le soir, ils iront vous conduire
Au lit où vous attend l'amour :   Bis.
Alors, chacun à la bergère
Dira : « courage ! mon enfant,
» Nous allons nous mettre en prière
» Pour le succès du dénoûment. »   Bis.

Allez, pèlerins de Cythère,
A la source du vrai bonheur,
Dans cette brillante carrière
Méritez un brevet d'honneur :   Bis.
Lorsque vous serez en présence
Montrez l'accord le plus touchant,
Défaut de bonne intelligence
Ferait manquer le dénoûment.   Bis.

Maintenant, aimable Augustine,
Reçois nos adieux, nos regrets,
Ma muse légère et badine
Se souviendra de tes attraits :　　　Bis.
Et vous qu'un doux hymen engage,
Volez près d'elle, époux *charmant*, (1)
Mais songez qu'il faut à votre âge
Se signaler (2) au dénoûment.　　　Bis.

Nota. Cette chanson, que je voudrais avoir faite, est une des deux ou trois de ce Recueil qui ne soit pas de moi.

Saint-Germain en Laye, 1802.

LES CENT RIMES EN ON

DE L'EXTRÊME OPPOSITION.

Pièce de circonstance à l'ouverture de la session de 1833-1834.

De par la Révolution
Je me déclare champion
De l'ardente opposition
Mettant tout en combustion.
Pour le bon droit, le droit-canon.
Incline mon opinion.
Des peuples l'indécision
Réclame l'intervention
De la Propagande-Union...
Des français la Race-Mouton,
Que chacun si doctement tond,

(1) Charmant ! affaire de rime, mon cher abbé.
(2) Quant à cet article, soyez tranquille, à 26 ans, on se signalera...

Subira sans rémission
Cette régénération
Qu'attend la grande nation...
D'abord, plus de religion,
Plus de Roi, plus d'oppression.
Item plus d'imposition ;
Plus de château, plus de donjon.
Nobles et décoration
Seront en réprobation.
Pour les banquiers aversion,
Pillage de maint Ducaton.
Aux épiciers sommation
De faire aux voisins livraison
De sucre, chandelle et savon
Suivant le maximun fécond
De l'auguste convention !
Aux paysans injonction
Par douce réquisition
De fournir blé, fourrage, son,
Chevaux, bœufs gras et gras cochon
Pour la représentation
De maint grand homme en mission.
Aux traiteurs invitation
D'assouvir l'appétit glouton,
D'abreuver en beaune et mâcon
L'estomac de tout biberon
Enflammé de vocation
Pour le saint culte du flacon
Et pour celui de la raison...
Pour ce dernier, chaque canton
Nous fournira provision
De maint et maint jeune tendron
A l'air fringant, à l'œil fripon,

En blanc corset, en court jupon...
Pour notre prédication
Paille, tapis ou vert gazon,
Lit, table, chaise ou guéridon,
Tout sera doux, tout sera bon.
Femme aux grands airs, fille sans ton,
Duchesse ou grosse margoton
Ont droits égaux, et, sans façon,
Seront de la communion
De tout citoyen bon garçon.
Des terres la possession
Est une abomination...
Et par égale portion
Chacun aura sa fraction....
Enfin, plus de conscription
Plus de soldats, de garnison
Où si bêtement se morfond
Maint beau jeune homme si profond !
Si quelque coalition
Avait encor l'ambition
Chez nous de faire irruption !
Alors notre indignation
Ferait marcher un million
De défenseurs sur le rayon
Où se ferait l'invasion.
Il est vrai, plus de bataillon :
Plus de place à gros bastion,
Gens à pique, à grossier juron,
A moustaches en tortillon,
En désordre, à l'occasion,
Aux brutaux cosaques du Don
Lestement tournant le talon,
Mettraient à la discrétion

7

Des héros porteurs de bâton,
Des Francs la constitution....
Voilà, ma foi ! rimés en on,
Des arguments, pleins d'onction,
Méritant l'approbation
De tout homme sans passion.

Amants de la perfection,
Toute amélioration
Veut beaucoup de réflexion :
On peut réparer la maison
Sans camper la construction
A bas par irritation....
Ayez donc plus d'invention
Et plus de modération....
D'honneur, la situation
De l'État sans comparaison,
Vaut mieux, malgré tous les dit-on,
Que sous la congrégation
Ou bien que sous Joseph-le-Bon !!
N'embrouillez pas la question :
Oui, la moindre innovation
Veut de la circonspection....
Allez ! le roi sait sa leçon.

HOROSCOPE DE MON NEVEU.

(Auguste, frère d'Éléonore, pauvre petit Trumilly,
qui n'a pas vécu.)

Air : *J'étais bon chasseur autrefois.*

Petit Auguste, cher enfant,
Ju veux tirer ton horoscope,

Né sous un signe bienfaisant,
Tu seras juste et philanthrope ;
De ton père voilà les yeux
Et le grand nez de bon présage ;
Tu lui ressembleras, tant mieux,
Nous t'en aimerons davantage.

} Bis.

Ta bouche nous montre aisément
Un grand ennemi du silence,
Peut-on se taire quand on sent
Le doux charme de l'éloquence :
Tu seras un peu babillard,
N'y vois pas un désavantage,
Ton père est un fameux bavard,
Mais il n'en plait que davantage.

Je lis encore dans tes yeux
Que tu seras distrait sans cesse,
Auguste, c'est vraiment fâcheux,
Ça chagrine trop la tendresse :
De ton père c'est le défaut,
Cent fois chaque jour, j'en enrage ;
Malgré cela, je sens qu'il faut
Tous les jours l'aimer davantage.

Ainsi que ton père, à ton tour,
Tu seras bon fils, tendre frère,
A la vertu joint par l'amour
Ton épouse te sera chère :
Mais imite ton père en tout,
Sois un peu fou, quelquefois sage,
Et je t'assure que partout
On t'en aimera davantage.

A l'époque de ton printemps

Si tu faisais quelques folies ,
Car le démon de traits puissants
Arma tant de filles jolies !
Sois , en amourettes fripon ,
En amitié jamais volage ,
C'est , crois-moi , la seule façon
D'être heureux toujours davantage.

Faisons bien ce que nous faisons ,
Voilà le précepte du sage ,
Alexandrine à ses leçons
Se montra docile en ménage :
On dit , en voyant son garçon ,
» Ah ! qu'elle eût de cœur à l'ouvrage : »
Un jour , pour prix de la façon ,
Il l'en aimera davantage.

Petit Auguste , cher enfant ,
Tu ne peux pas encore m'entendre ,
Suce avec un lait bienfaisant
Pour nous tous l'amour le plus tendre :
Et quand te luira la raison ,
Que tu liras mon badinage ,
Tu me payeras bien ma chanson ,
Si tu m'en aimes davantage.

LE RIDICULE DU MOMENT,

COMPOSÉ EN SEPTEMBRE 1830,

RIDICULE TOUT CHAUD, ENCORE EN 1834, 40, 46, 47, 48,

Et jusqu'à la consommation des siècles.

*A nos seigneurs, nos très-honorables et très-puissants jeunes gens,
seigneurs ! nos seigneurs ! les élèves de l'école polytechnique, droit,
médecine, athénées, lycées, prytanées, colléges, pensions, etc.,
grands et petits, doctes, ignares, beaux et laids, et incomparables
garçons du royaume de France et de la République française.*

Air : *Voulez-vous savoir les on dit.*

A vous entendre, Jeunes Gens,
  Nous surchargeons la terre,
Tout homme âgé de quarante ans
  Doit commander sa bière :
  La barbe au menton
  N'est plus de saison.;
Il faut un teint de rose,
  Vingt ans, tout au plus,
  Et force Phébus   } Bis.
Pour valoir quelque chose.

L'Expérience....... (invention
  La plus sotte du monde)
N'est pour votre Erudition
  Qu'une vieille qni gronde......
  Qui sait son Bezout,
  Doit primer partout,
N'a plus besoin d'apprendre,
  L'imberbe docteur
  A maint professeur
Peut sur tout en revendre.

Des bons vieillards les cheveux blancs
  De tout temps , chez nos pères ,
Brillaient révérés , triomphans
  Sur leurs têtes si chères :
  Quand un vieux parlait ,
  Chacun lui montrait
Respect et bienveillance......
  Et nos blancs cheveux
  Egaient les jeux
Des blancs-becs de la France.

Vivre vite est l'essentiel,
  (Si vivre n'est un crime :)
Il parait fort rationnel
  Et très-digne d'estime
  D'être , dès dix ans,
  Papa des enfans
De fillette fringante ,
  A vingt , député ,
  A trente , éreinté ,
Mis en terre, à quarante.

Vous prîtes le château , bravo !
  Nous prîmes la bastille :
Pourquoi nous réduire à zéro
  En nous cherchant Castille?
  Eh ! vivons unis ,
  Mes pauvres amis ,
A tout âge on succombe !
  A vingt...... à cent ans......
  On presse les rangs
Dans la nuit de la tombe.....

Naguère encore on chansonnait

La gérontomanie ,
A présent , si l'on préférait
La bambinomanie ,
Ce serait , ma foi ,
Un bien sot emploi
De toutes nos lumières :
Pour chefs...... des enfants ! ! !
C'est un contresens
Qui ne séduira guères.

Messieurs , l'auteur de ces couplets
Est votre ami sincère
Et répondrait de vos succès
En paix comme à la guerre :
Mais laissez , pour Dieu !
Vivre encore un peu
Les vétérans de France ;
Vous grisonnerez
Et vous rabattrez
De votre pétulance.

L'AMBASSADE DE M. DE BOUFLEURS

Près de la princesse de Vaudement , abbesse de Remiremont.

Louis XV, ayant vu le portrait de cette abbesse , en tomba amoureux. M. de Boufleurs qui avait fait les choses grandement et qui ne
reçut que 120 fr. pour frais de voyage , raconte son ambassade en
chantant, ce qui eut, dans le temps, un succès mirobolant à la cour
et à la ville.

Enivré du brillant poste
Que j'occupe récemment ,
Dans une chaise de poste

Je m'embarque fièrement,
Et je vais en ambassade,
Au nom de mon souverain,
Dire que je suis malade
Et que lui se porte bien.   } Bis.

Avec une joue enflée,
je débarque tout honteux,
La princesse boursoufflée,
Au lieu d'une en avait deux,
Et son altesse sauvage,
Sans doute a trouvé mauvais
Que j'eusse sur mon visage,
La moitié de ses attraits.

« Princesse ! le roi, mon maître,
» Pour ambassadeur m'a pris,
» Voulant vous faire connaître
» Que de vous il est épris,
» Et dans son fougueux délire,
» Il donnerait, m'a-t-il dit,
» La moitié de son empire
» Pour celle de votre lit. »

La princesse, à son pupître,
Compose un remercîment,
Elle me donne une épître,
Que j'emporte lestement,
Et je descends dans la rue
Très-satisfait d'ajouter
Au bonheur de l'avoir vue,
Le plaisir de la quitter.

De ce pays en revenant,

Je quitte l'excellence,
Et je reçois pour traitement
Cent vingt livres de France !!!

LA CHANSON DES MOINES.

Nous sommes de l'ordre de Saint-Bernardin ,
Nous nous couchons tard et nous levons matin ,
Pour aller à matine et vider maint flacon ,

Eh ! bon , bon . bon ,
Voilà qu'est bon ,
Oui voilà la vie ,
La vie , la vie ,
La vie suivie
Que les moines font.

Bis.

A notre déjeûner
Des petits pâtés !
Du bon chocolat
Et aussi du café ,
Andouillette grasse,
La tranche de jambon
Eh ! bon , bon , bon , etc.

A notre dîner
De bons chapons gras
Qui trempent la soupe
Comme au mardi-gras ,
La pièce tremblante
Le gigot de mouton ,
Eh ! bon , bon , bon , etc.

A notre goûter
Des marrons de Lyon ,

La tarte sucrée,
Et du vieux Mâcon :
De fines liqueurs
Qui donnent du ton
    Eh ! bon, bon, bon, etc.

A notre souper
Des petits oiseaux
Que l'on nomme cailles,
Bécasses, perdreaux,
Lapin de garenne
Sentant la venaison,
    Eh ! bon, bon, bon, etc.

A notre coucher
Dans de beaux draps blancs, etc.

Le reste à l'ordinaire prochain.

Le moine (compositeur de ces couplets très-chantants), dont j'ignore le nom, n'était pas fort sur la rime, mais il savait bien vivre, ce qui vaut toutes les régles de la versification.

LA JÉSUITICO-BUREAUCRATIE.

DIX-SEPTIÈME POLITESSE

à tous les braves gens qui se reconnaîtront.

Air : *La bonne aventure, ô gué !*

Vivent ! tous les érudits
  Qui pleuvent en France,
Ils n'ont jamais rien appris,
  Mais leur assurance
Ne doute sur aucun point,

Et pour eux naquit à point
  La bureaucratie,
      O gué!
  La bureaucratie.

} Bis.

Des arts le plus éminent
  La bureaucratie
N'est qu'un ballon plein de vent,
  Frotté d'argutie :
Pour complaire à quelques sots
Ce qu'on peut dire en deux mots,
  Exige un volume!
      O gué!
  Exige un volume!

Savoir avec agrément
  Mettre sa cravatte,
A quelque chef important
  Bien graisser la patte,
Avec l'humble postulant
Être butor, insolent;
  C'est le bureaucrate,
      O gué!
  C'es le bureaucrate.

Tartufe et Caméléon
  Le vrai bureaucrate
Fut, suivant l'occasion,
  Fougueux démocrate (1).

(1) J'ai eu l'avantage de connaître certains Messieurs qui suivaient en 1826, les missions, assistaient très-dévotieusement aux processions, lesquels portaient un cierge de cire blanche de 5 kilogrammes bien pesés ; lesquels, la tête ornée d'un joli bonnet rouge, et une longue pique à la main, se prosternaient humblement devant le jupon court d'une déesse de la Raison, *dans le bon temps.*

Voyez-le patelinant
Et de zèle tout bouillant
Pour le jésuitisme,
O gué !
Pour le jésuitisme.

Le matin, sans croire à Dieu,
Aller à la Messe,
En sortant d'un mauvais lieu
Faire avec adresse
Le soir, en cercle dévot,
L'Éloge de maint cagot :
C'est le bureaucrate,
O gué !
C'est le bureaucrate.

Si Lise voulait jaser..........
Ah ! quelle lumière !
Quelle matière à gloser
Sur certain bon père !
Avec son teint safrané
Dieux ! qu'il est passionné !
Le bon hypocrite,
O gué !
Le bon hypocrite !

Déesse de la raison
Sous la République,
A présent, Lise est, dit-on,
Du corps jésuitique (1).

____

(1) L'auteur pense et a toujours pensé qu'on ne saurait se décorer
du titre de vrai royaliste, quand on a aimé, qu'and on aime encore
les jésuites, car ce sont eux, comme chacun sait, qui ont précipité
dans l'abîme les princes de la branche aînée, laquelle (sans dire du

Et par sa dévotion
Émeut la componction
  De cette frocaille,
    O gué !
  De cette frocaille.

Quand ce jeu finira-t-il ?
  On ne peut le dire,
Mais un système aussi vil
  De lui-même expire........
Le siècle est trop clairvoyant
Et le Français, en chantant,
  Les enverra paître,
    O gué !
  Les enverra paître.

Les braves, les gens d'esprit
  S'entendront, j'espère ;
Tel (1) qui dans l'exil languit,
  Reverra la terre
D'où le bannirent les chiens
Qui se disent bons chrétiens....
  Chrétiens (2) de Turquie,
    O gué !
  Chrétiens de Turquie.

Vils intrigants, plats Gascons
  Et race bigote

mal de la cadette), se distinguait par le double mérite d'une grande
générosité et de la légitimité.

(1) Tel, comme moi par exemple, qui n'avais pas eu l'honneur de
plaire à ces bons messieurs, dépeints dans la note d'autre part.
Charolles était mon lieu d'exil.

(2) A cette époque le gouvernement soutenait les Turcs contre les
Grecs.

Quel bonheur ! quand nous pourrons
Vous voir dans la crotte
Détalant sur les chemins,
Bien fessés soir et matin,
Enfin tous au diable,
O gué !
Enfin tous au diable.

Alors, nos vaillants soldats,
Non d'une bamboche !
Ne marqueront plus le pas
Au son de la cloche :
La trompette des héros (1)
Les tirera du repos,
Aux chants de la France,
O gué !
Aux chants de la France !

Charolles, 17 août 1826.

FRANÇAIS ! LE BAL VA SE ROUVRIR.

Air : *Du pas redoublé de l'infanterie*.

Français ! le bal va se rouvrir
Et vous aimez la danse,
L'allemande vient de finir,
Mais l'*Anglaise* commence :

(1) La trompette des héros a retenti en Afrique, quand par hasard ces bons Anglais ont bien voulu permettre à nos bons ministres d'y. brûler quelques cartouches, je suis donc bien revenu de cette illusion que partageaient avec moi 30 millions de braves gens.

L'attitude de la France, dont on se plaignait sous la branche aînée, était comparativement beaucoup plus digne que celle de la cadette.

D'y figurer tous les Français
   Seront, parbleu ! bien aises,
Car s'ils n'aiment pas les Anglais,   } Bis.
   Ils aiment les Anglaises.

D'abord, par le Pas-de-Calais,
   On doit entrer en danse,
Le son des instruments français
   Marquera la cadence,
Et comme l'Anglais ne saura
   Que danser les anglaises,
Bonaparte lui montrera
   Les figures françaises.

Allons ! mes amis, le grand rond,
   En avant, quatre à quatre :
Français, là-bas, restez d'aplomb,
   A Londre il faut s'ébattre ;
Vous, monsieur Pitt, un balancé,
   Suivez la chaîne anglaise,
Pas de côté, croisé, chassé,
   C'est la danse française.

Composée lors du camp de Boulogne.

Oh ! le bon temps : la France était respectée alors.
A présent... Taisons-nous, il y aurait trop à dire...
Patience, encore un peu, nous sommes *au commencement de
la fin*. Amen !

____

LA MÈRE A TOUS !

Air : *Mes bons amis, unissez-vous.*

Oh ! connaissez-vous mon bijou ?
Vous connaissez ÉLÉONORE,

Tout Sommières la nomme encore
Le vrai phénix du beau Poitou :
Moi, tant sa bonne âme est aimante,
Je l'appelle la mère à tous ;
Comme ses enfants, voyez-vous,
Choyant son vieux oncle et sa tante. } Bis.

COUPLETS

POUR LA NAISSANCE DE CLOTILDE TRUMILLY.

Air : *Un jour, il est agriculteur.*

Ombragez de fleurs le berceau
Du doux fruit de votre tendresse,
Prêtez à ce jeune arbrisseau
L'appui qu'exige sa faiblesse :
Bientôt il comblera vos vœux
Et sa juste reconnaissance,
En vous rendant toujours heureux, }
Payera la dette de l'enfance. } Bis.

Donnant les soins les plus touchants
A son père, à sa tendre mère,
Votre Clotilde, en tous les temps,
Embellira votre carrière :
Quand l'hiver glacera vos sens,
Au milieu de votre famille,
Vous retrouverez le printemps,
En renaissant dans votre fille.

Senlis, 1810.

L'AMOUR DE LA PATRIE.

HISTORIQUE ET DESCRIPTION.

Le jour de la fédération de 1790, de grand matin, un père entre dans la chambre de son fils, qu'il trouve encore endormi, et le réveille en lui adressant les paroles suivantes :

Eh quoi ! peux-tu dormir encore !
N'entends-tu pas ces cris d'amour ?
Réveille-toi ! voici l'aurore,
Mon fils, voilà ton plus beau jour.
C'est à l'autel de la patrie
Qu'il faut porter tes premiers pas :
Cours à cette mère chérie
Qui t'appelle et t'ouvre les bras.   Bis.

Descendus dans la rue, il continue en ces termes :

Mon fils, vois-tu ce peuple immense,
Comme il accourt de toutes parts ?
De ces guerriers, chers à la France,
Vois-tu flotter les étendards ?
Tous à l'autel de la patrie,
Unis d'un même sentiment,
Vont à cette mère chérie
Renouveler leur doux serment.

Arrivés au Champ-de-Mars, il lui fait la morale suivante, et le révérend père Loriquet de Loyola n'en a jamais prêché de meilleure.

Si d'une femme honnête et sage
Un jour tu sais te faire aimer,
Le nœud sacré du mariage
Est le seul que tu dois former.
Vite à l'autel de la patrie,
Courez tous les deux vous unir :

Que jamais votre foi trahie
N'ordonne au ciel de vous punir... .

Dans cette chaîne fortunée,
Si tu deviens père à ton tour,
Pour premier don si l'Hyménée
Accorde un fils à ton amour :
Porte à l'autel de la patrie
Ce fruit si doux de ton lien ;
Dans ton cœur c'est elle qui crie
Qu'il est son fils comme le tien.

Le prenant par la main et le conduisant au bord du fossé qui entoure l'autel de la patrie :

Quand le temps, qui marche en silence,
Par d'imperceptibles efforts,
Aura miné mon existence
Et décomposé ses ressorts....
C'est sous l'autel de la patrie
Que tu creuseras mon tombeau :
Est-ce perdre en entier la vie
Que de rentrer dans son berceau ?

DIVERS IMPROMPTUS A DES PERSONNES AIMABLES.

SUR DIFFÉRENTS AIRS.

A mademoiselle Joséphine Maury.

Vous n'habitez donc plus votre joli salon
Où l'on pouvait d'un mot de conversation
Obtenir la faveur, avec vous la maîtresse
Qui régnez en ces lieux ! croyez-le, la tristesse

Des regrets bien sentis et l'ennui , tour à tour,
Quand on ne vous voit pas , désolent ce séjour.

A Monsieur Maury , le jour de sa fête.

Au mérite , au profond savoir ,
Il sait joindre la modestie ,
Et, magistrat, son habit noir
Nous cache une muse jolie :
Partout , on l'estime et l'on aime
Le bon père et l'homme de bien ,
En ce jour, sans faire un long thème ,
Je bois, à lui, mon verre plein.   Bis.

A Madame Roy.

Modeste, belle et bonne et redoutant l'éclat ,
Affable, prévenante : on la respecte, on l'aime ;
Honorant sa famille, honorant son état ,
Qui l'a vue une fois, la voit toujours la même.

A Mademoiselle Angèle Roy , qui chante si bien !

Pour chanter tous vos attraits
Je connais ma faiblesse ,
Dessiner vos jolis traits
Exige trop d'adresse :
Esprit , beauté , timbre charmant !
Le vrai talent de plaire ;
Un tel portrait est séduisant ,
Que ne puis-je le faire ?   Bis.

LA MARSEILLAISE SUISSE.

Air : *Allons enfants de la patrie.*

Attentif, l'univers contemple
La lutte avec nos ennemis ,

La Suisse servira d'exemple
A tous les peuples endormis...   Bis.
Le jour de leur indépendance
Ne peut tarder... car les tyrans
Toujours, pour approuver leurs plans,
N'auront pas les Guizot de France.
Aux armes ! citoyens, formez vos bataillons,
          Marchez, marchons ,
Qu'un sang impur abreuve nos sillons.

Quoi ! cette horde fanatique
Et de Jésuites et de sots ,
A cru pouvoir, France héroïque !
T'associer à ses complots :   Bis.
La devise : *honneur et patrie*
S'effacerait de tes drapeaux ,
Si tes soldats étaient bourreaux
De leurs vieux frères d'Hélvétie !
          Aux armes ! etc.

Purgeons, enfin, notre patrie
De ces apôtres turbulents ,
Qu'ils aillent tous en Sibérie
Y congréganiser les gens .   Bis.
L'autocrate de la Russie
Accueillera ces Ignaciens ,
Car, partout, ils sont les soutiens
Les plus chers à la tyrannie.
          Aux armes ! etc.

Le fanatisme sanguinaire
Combat pour la dernière fois ,
Méprisons sa vaine colère
Et l'intervention des rois :   Bis.

Du vrai Dieu, des hommes le père,
Il fait le type des tyrans,
Il foule à ses pieds nos enfants,
Dont sa rage a jonché la terre...
    Aux armes ! etc.

Poitiers, 14 novembre 1847.

Nota : J'ai adressé, à cette époque, cet hymne au président de la Diète helvétique. Les habiles de Poitiers (ne me l'ont pas dit), mais m'ont traité de bête. Trois mois après, en février 1848, ils ont pu voir que je l'étais un peu moins qu'eux.

A présent, en octobre 1848, j'ai l'honneur de leur prédire que si le gouvernement, perdant toute pudeur, continue à se déshonorer en ne secourant pas l'Italie et l'Allemagne, que malgré les Thiers, les Montalembert, les Curzon et tous les rédacteurs de l'*Abeille*, *nous aurons la guerre civile en France, en février 1849.*

Puissé-je me tromper !

LES CAPUCINS,

COUPLETS DÉVOTS PAR LE SIEUR PRÊT-A-BOIRE, CAPORAL DE GRENADIERS.

(Ces couplets ont été composés en sortant de la grand'messe le jour de l'assomption 1828, lequel jour, un amateur très-distingué de la congrégation, dans des contorsions vraiment archangéliques, jeta trois fois mon chapeau à terre, et par ses soupirs du plus grand style, manqua vingt fois de métouffer. Ouf) !

Air : *Le point du jour*.

Des capucins
Le monde entier admire la parure :

Leurs frocs , capuchons et longs crins
Produisent des effets divins !
Tout célèbre dans la nature
    Les capucins !!!   Bis.

    Sans capucins ,
Tout périrait dans notre belle France,
Nos enfants seraient des vauriens ,
Nos femmes n'auraient pas de freins
Sans la séraphique assistance
    Des capucins !!!   Bis.

    De capucins
Vingt régiments de fiers soldats d'élite
Aux doigts crochus , soirs et matins ,
Dans tous les ménages voisins
Viennent écumer la marmite
    En capucins !!!   Bis.

    Aux capucins ,
Jeunes beautés , pour faire pénitence ,
Immolez vos petits cousins ,
Immolez vos attraits divins...
Capucinez... qu'il pleuve en France
    Des capucins !!!   Bis.

    Vrais capucins ,
Que nos soldats perdent l'humeur guerrière
Vaillants comme des arlequins ,
Parlent du nez , soient des malins
Tout haut récitant le rosaire
    Des capucins !!!   Bis.

    D'un capucin
Ah ! si jamais ma moustache chérie

Caresse le sale grouin ,
Qu'on me prenne pour nn calin ,
Que je n'avale , de ma vie,
    Un coup de vin !!!   Bis.

Honni soit! qui mal y pense,

Car :

Je suis loin d'attaquer la religion sainte
Dont le ciel en nos cœurs grava l'auguste empreinte ,
Mais un masque hideux n'est pas la piété
Qui toujours fut aimable en sa simplicité.

Vivent nos bons vieux curés!

Charolles , 15 août 1828.

COUPLETS

POUR LA NAISSANCE DE MON PETIT NEVEU DE VAREILLES-SOMMIÈRE; (ANDRÉ-GABRIEL-MARIE).

Air : *Un jour il est agriculteur, ou de prendre femme un jour dit-on.*

Adorable Maternité !
Qui nous dira tes doux mystères?
Trésors , dont le ciel a doté
La sollicitude des mères...
Quant à toi, cher petit fanfan ,
Viens au monde en toute assurance ,
Car nous aimons tant ta maman ,
Que nous t'aimâmes à l'avance.   Bis.

Prends des forces, petit fanfan ,
Grandis sous les yeux de ta mère ,
De ton brave père , si franc ,

Ais le cœur et le caractère :
Aime-les : en les imitant
Ton bonheur durable se fonde ;
Sois bon, c'est, crois-moi, le talent
D'être chéri de tout le monde.   Bis.

D'être aimable apprends le secret
Près d'une parente bien chère,
Vrai modèle d'un ton parfait,
Prends pour exemple ta grand'mère :
De l'honneur la tradition,
La délicatesse en affaire
Se conservent dans sa maison,
Maison, comme on n'en voit plus guère.   Bis.

Aime tes frères et tes sœurs,
Qui te le rendront en tendresse,
Et dans ses vieux jours radoteurs,
(Quand tu brilleras de jeunesse),
Au grand oncle qui t'a chanté,
Lorsque tu ne pouvais l'entendre,
Prouve, alors, avec équité,
Que ton cœur a su le comprendre.   Bis.

Poitiers, 3 juin 1846.

IMPROMPTU

POUR UN BARON, BON GARÇON, MAÎTRE DE LA MAISON.

Air : *Contre les chagrins de la vie.*

Oh ! qu'on avait d'impatience,
Mon cher neveu de vous revoir,
Oui, chez vous, de votre Excellence
On parlait du matin au soir :   Bis.

Votre compagne, si gentille,
S'occupait de vous constamment
Ainsi que toute la famille,
Je vous le dis sans compliment.   Bis.

Votre blonde et votre brunette
Causaient de vous en chiffonnant,
Armand, faisant sa pirouelte,
Y songeait en espadonnant :   Bis.
Gabriel dressait son oreille,
Quand le mot : « papa » le frappait;
Dorine, des chiens la merveille,
Au nom de son maître, jappait.   Bis.

Air : *A voyager passant sa vie.*

Quant à moi, tous ceux que j'estime,
Sont sûrs de mon attachement
Et le sentiment qui m'anime,
Dans mes yeux se lit franchement :
Ainsi donc, remplissons les verres,
Buvons à la prospérité
Du vrai modèle des bons pères
Et, trois fois, portons sa santé.   Bis.

Air : *A ce piquant langage.*

Mais des Sables-d'Olonne
Il arrive avec lui
Mainte aimable personne
Et notre cher Henri,
Puis sa sœur et sa nièce : ô douce matinée !
Sachons, tous, bien en profiter,
Faisons durer le déjeûner   Bis.
Toute cette journée.

Air : *A voyager pendant sa vie.*

Mais la maudite diligence
Va nous enlever le plaisir,
Utilisons donc la séance,
Et, pour bravement la finir,
Remplissons de nouveau les verres
En faisant, pour chaque partant,
Du fond du cœur des vœux sincères
Que Dieu nous rassemble souvent.   Bis.

LES QUATRE AGES DE LA FEMME.

(Fillette, fille, femme, femme hors d'âge).

Air : *Du petit homme gris. Toto Carabo.*

Fillette.

Jeunette, la fillette,
Sautille, c'est l'oiseau
    Carabo,
En cage, qui becquette
De rage le barreau
    Carabo,
Et chante, c'est l'a
Et chante, c'est l'a
Et chante, c'est l'amour,
Là, que l'amour *Bis* me brûle nuit et jour.

Fille.

Est-elle un peu plus grande,
Elle rompt le barreau
    Carabo,
Du doux plaisir friande,

A tout homme un peu beau
Carabo,
La coquette sou
La coquette sou
La coquette sourit,
Son regard dit : *Bis* donnez moi de l'esprit.

Femme.

Mais son esprit se forme :
A l'instar de Paris,
Mes amis ,
D'un mari l'on s'informe,
Point jaloux , bien appris ;
Il est pris !
La friponne s'en
La friponne s'en
La friponne s'en rit ;
Il est coiffé *Bis* d'un fier bonnet de nuit.

Femme hors d'âge.

Quant la beauté s'envole ,
On prend un vieil abbé ,
Un curé ,
Un lourd maître d'école
De plat latin bourré ,
Mais carré ;
On joue à l'écar
On joue à l'écar
On joue à l'écarté ,
Dévotement *Bis* en toute sûreté.

Ahkirch (Haut-Rhin) , 1837.

LE FAMEUX COMPTOIR !!!

OU L'OBLIGEANTE CAISSE D'ESCOMPTE DE POITIERS.

Air : Nous sommes de l'ordre de Saint-Bernardin.

A nous, gros banquiers et vrais grippe-sous,
A nous, du bien d'autrui, tous si jaloux,
    Nous donner mission
    Pour tel ou tel oison,
    Pauvre penaillon !
De faire l'escompte, ah ! morbleu ! cent fois non,
Et non, non, non, non, non :
Chez nous mieux on compte, et c'est là le bon ton.
On fait de l'usure... et bon ! bon ! bon ! bon !
    Ah ! voilà la vie, la vie,
      La vie suivie   } Bis.
    Que les banquiers font (1).

Air : La belle Bourbonnaise, maîtresse de Blaise.

    Aucune signature
    N'est jamais assez sûre,   Bis.
    Pour notre garniture
    De six banquiers bêtas,
    Ah ! ah ! ah ! ah ! ah ! ah !
    Entourant une table,
    Avec un air capable :
    Tout billet acceptable,
    Nous, nous n'en voulons pas.
    Ah ! ah ! ah ! ah ! ah ! ah !

(1) Point de règle sans exception ; des banquiers, j'en ai connu de très-honorables, entr'autres, Mallet, chaussée d'Antin, etc.

Un bourgeois, rien qui vaille...
Ouvrier, rien, canaille...   Bis.
Militaire, qu'il piaille...
Il nous faut des colas
Ah! ah! ah! ah! ah! ah!
Vendant chiffonnerie,
Et calicoterie,
Et vieille friperie;
Parlez-nous de cela!
Ah! ah! ah! ah! ah! ah!

Poitiers, 1er septembre 1848.

A MADAME LA COMTESSE DUSSAILLANT,

NÉE PRINCESSE DE BERGNES-St-VINOX.

(Sur l'arrivée de son piano.)

Air : *Français le bal va se rouvrir.*

Eh! vite pour un piano
Faut remonter ma lyre,
Messire Erard, bravo! bravo!
D'honneur, c'est un délire...
Son éloge et le vôtre enfin
Vole de bouche en bouche,
Car c'est un instrument divin }
Sous la main qui le touche.   } Bis.

Lorsque chantant Mars et l'amour.
La tendresse et la guerre,
Sa voix flexible tour à tour,
Est touchante, est altière;
Par un prestige plus qu'humain

De ce double délire ,
Le guerrier s'enflamme soudain
Et la beauté soupire.

Unir à cet art enchanteur
Le vrai talent de plaire
Mille agréments , esprit, douceur,
Les vertus d'une mère :
Ce *croquis* sans doute est charmant
Mais que d'écueils à craindre...
Quant *au portrait*, un plus savant
Tâchera de le peindre.

Chez messieurs les Westphaliens
Dans un palais immense,
Joindre à la candeur des Germains
Les grâces de la France ,
Modeste et simple au premier rang
On la révère, on l'aime :
Quiconque connait Dussaillant
La voit toujours la même.

Nota. Le comte Dussaillant, chambellan de l'empereur,
préfet du département de la Lippe (Westphalie), ancien
colonel de hussards, avait un caractère qui sympathisait
avec le mien et me recevait avec la plus grande cordialité.
Sa femme était pleine d'esprit. Point de bonnes fêtes sans
que j'en fusse.

TABLE.

	Pages.
Impromptu à MM les Électeurs.	7
Dedans et dehors.	9
Le vœu patriotique et sentimental.	11
Le Silo algérien.	13
Couplets toujours de circonstance.	14
Les Incendies	16
Grand et mémorable discours d'ouverture des chambres du 17 août de l'an de grâce 1846.	17
Le Jeu ne vaut pas la chandelle.	22
Le Gouvernement bureaucratique.	24
Correspondance entre deux frères.	26
L'Ordre.	29
Impromptu sentimental.	30
Impromptu sur les promesses du ministère.	32
La bataille électorale à Poitiers.	34
Chants de victoire.	36
Le Ministère, les Ventrus et les Campagnards.	39
Petites étrennes pour 1847.	41
La Grande politique.	42
Comment cela finira-t-il.	44
La Marseillaise parisienne.	46
Puisqu'il faut en finir, finissons-en !	48
Les Tendres regrets de certains républicains.	50
Impromptu.	52
A Monseigneur l'évêque d'Aut....	54
Impromptu aux soi-disant républicains du journal l'*Abeille* et Cie.	56
A la Garde Nationale de Poitiers.	57
Impromptu pour le banquet offert aux volontaires de Civray, Gençay, etc., etc.	59

Pages.

Les Lentiberniers. 59
Le Désespoir d'un vieux soldat. 62
Dans le siècle des lumières on adore les chandelles.. . 64
Le réveil du peuple. 67
Cantique. 68
Les Dragons. 71
Chanson et air, que presque personne ne connaît. . . 72
Impromptu, à M. Limouzin, commissaire de police. . 75
Impromptu, à M. Penot, curé de Biard. 76
Les Républicains de la rue de Poitiers, à Paris. . . 77
Aussitôt que la lumière. 79
Le Réveil du Luxembourg. 81
Réaction en 24 heures, à la chambre des pairs. . . 82
La Marseillaise contre les Anglais. 83
Noël. 85
Le Dénoûment. 93
Les cent Rimes en ou. 95
Horoscope de mon neveu. 93
Le Ridicule du moment. 101
L'Ambassade de M. de Boufleurs. 103
La Chanson des Moines. 105
La Jésuitico-Bureaucratie. 108
Français! le bal va se rouvrir.. 110
La Mère à tous ! 111
Couplets pour la naissance de Clotilde de Trumilly. . 112
L'Amour de la patrie. 113
Divers impromptus à des personnes aimables. . . . 114
La Marseillaise suisse. 115
Les Capucins. 117
Couplets pour la naissance de mon petit neveu de Va-
reilles-Sommières. 119
Impromptu pour un baron, bon garçon, maître de la
maison. 120
Les quatre âges de la femme. 122
Le fameux comptoir !!! 124
A madame la comtesse Dussaillant. 125

Poitiers. — Imprimerie de COIGNARD et BERNARD.